お道の歳時記

# 「和楽」百話

# はしがき

『天理時報』のコラム「和楽」を執筆させていただいてから早くも二年余の歳月が流れ、掲載回数も百回を超えたのを機に、二年分の百話をまとめたものを単行本にして、天理教道友社から出版してくださる運びとなりました。

「塵《ちり》も積もれば山となる」のことわざ通り、七百字程度の粗製濫造《そせいらんぞう》の短文も、積もり重なると大部となるもので、今春から取り掛かった原稿の推敲《すいこう》と編集の作業には思いのほか手間が掛かり、上梓《じょうし》は秋になってしまいました。

四季折々の自然の移ろいと日常の出来事を、信仰的な観点から書き記そうとした内容なので、題名は『お道の歳時記――「和楽」百話』といたしました。

本書は、私にとっては過去の記憶を留《とど》める備忘録《びぼうろく》ですが、果たして読者諸兄のお役に立つのかと懸念するばかりです。皆様が教祖《おやさま》の教えを求め、実践される上で何かの参考にしていただけるなら、これに過ぎる喜びはありません。

なお、神殿建築中の多忙にもかかわらず、挿絵を描いてくださった此富《このとみ》分教会長・梅本教幸《うめもとのりゆき》氏と、最終的な仕上げの労をとってくださった道友社編集出版課の皆様に、心からの御礼を申し上げます。

立教一六五年（平成十四年）十月吉日

著者しるす

# ■目次

平成十二年――――3

本文イラスト＝ 梅本 教幸

『天理時報』「和楽」

自　立教百六十三年（平成十二年）四月二日号

至　立教百六十五年（平成十四年）三月三十一日号

# お道の歳時記──「和楽」百話

平成十二年

# 初代真柱様の向学心

立教163年4月2日号

四月は進学・進級の季節だが、近年は親御《おやご》さんたちの高学歴志向《こうがくれきしこう》と反比例《はんぴれい》するように、学生・生徒諸君の学力の低下が指摘《してき》されている。学力低下の最大の原因は、向上《こうじょう》心《しん》と学習意欲の低下にあるとして過言《かごん》ではあるまい。

初代真柱《しんばしら》・中山眞之亮《なかやましんのすけ》様は、明治十三年、数え十五歳でお屋敷へ移り住まれた。以後、朝は暗い内《うち》から起きて御用《ごよう》に励《はげ》まれ、御用の合間《あいま》には、国学《こくがく》や漢学《かんがく》の師匠《ししょう》の許《もと》へ足を運んで勉強された。夜は、人の寝静《ねしず》まるまで本を読んでおられて、教祖《おやさま》から「この夜深《よぶか》に何をして居《い》るのかえ」と、早く就寝《しゅうしん》するよう促《うなが》されたことも度々《たびたび》であった。（『稿本中山眞之亮伝』）

また後年《こうねん》、初代真柱様は、幼《おさな》い二代真柱様を膝《ひざ》に乗せ、頭を撫《な》でられながら、「中山の親父《おやじ》（秀司《しゅうじ》様）がもう少し居《お》ってくれたら、己《おれ》はも少し学問出

来たら《ろ》うに、今となって己は無学《むがく》で不自由な思ひ《い》をする事もあるから、コツの兄貴《あにき》（二代真柱様の愛称《あいしょう》）には少し学問さしてやりたい」と仰《おお》せられていた。（中山正善《なかやましょうぜん》著『ひとことはなし・その二』）

いわゆる正式な学校へは通われなかった初代真柱様だが、決してご自身が仰せられたような無学なお方ではなかった。

百年前の明治三十三年四月一日、初代真柱様を校主《こうしゅ》に天理教校《きょうこう》が開校《かいこう》したが、教会本部設立、本教の一派《いっぱ》独立、現在の神殿・北礼拝場《きたらいはいじょう》の大正普請《ふしん》をはじめ、教祖御伝《おやさまぎょでん》の編纂《へんさん》、別席台本《べっせきだいほん》の制定《せいてい》、機関誌《きかんし》『道《みち》の友《とも》』の創刊《そうかん》などをなし遂《と》げられた初代真柱様は、崇高《すうこう》な宗教家であり、すぐれた教育家であらせられた。

私の体験からすれば、学校で教えられたことよりも、一念発起《いちねんほっき》して独学《どくがく》・独習《どくしゅう》したものの方が、よほど役に立ち、身を助けてくれている。

「学問において然《しか》り、いわんや信仰においてをや」であろう。

## 「花を見るな。根を見よ」

立教163年4月9日号

現在、桜前線《さくらぜんせん》が北上中《ほくじょうちゅう》。今年の開花予想日《かいかよそうび》は全般的に平年並みで、太平洋側の一部ではやや早くなる見込みだそうだ。

日本の「国花《こっか》」である桜の花は、古くから人々の目を楽しませてきたが、この花の命は短い。各地で最も多く栽植《さいしょく》されているソメイヨシノの場合、開花《かいか》からおよそ一週間で、つぼみの約八〇パーセント以上が開花して満開《まんかい》となるが、そのころからチラホラと散り始め、花の終わりには散り急ぐ花びらが吹雪《ふぶき》のように風に舞うのである。

かつて軍国主義の時代には「花は桜木人《さくらぎ》は武士」と、その散り際《ぎわ》と死に際のいさぎよさが並《なら》び称《たた》えられたが、一輪《りん》の桜花《おうか》にしても、それほど簡単に咲いて散るわけではない。前年の夏に形成《けいせい》され、休眠《きゅうみん》していた桜の花芽《かが》（花となる芽）は、秋から冬にかけて一定の期間低温にさらされると目ざめ、春先の気温の上昇とともに生長して、ようやく開花に至る。二十年以上かけて成人する人間は、以後数十年もかけて精神的な成熟《せいじゅく》を遂《と》げるのである。

本席《ほんせき》・飯降伊蔵《いぶりいぞう》先生お出直《でなお》し三日前の明治四十年六月六日夜から、大正七年三月まで、おさづけの理を渡された上田ナライト先生のお宅には、毎年美しい桜が咲いた。その花の美を賞賛《しょうさん》する人々に対し、ナライト先生は「花を見るな。根を見よ」と諭《さと》されるのが常であったと聞かせていただく。

桜狩《さくらがり》とは、本来「桜花をたずねあるいて観賞《かんしょう》すること」だが、花見のついでに枝を折って持ち帰る不心得者《ふこころえもの》もいる。根の無い花は、一時は楽しめてもすぐに枯れ、やがて捨てることになる。桜の木を支える土台が根であるように、私たち人間は、あらゆるご守護の根元《こんげん》である「親神様《おやがみさま》・教祖《おやさま》・ぢば」に真実を伏せ込むことが、何よりも大切である。

# 花の香りを楽しむ人々

立教163年4月16日号

先月の十八日に淡路島《あわじしま》で開幕した「淡路花博《はなはく》・ジャパンフローラ二〇〇〇」は好調のようだ。この花博には兵庫教区の教友が連日ひのきしんの尊《とうと》い汗を流しておられる。

十年前、大阪・鶴見緑地《つるみりょくち》で「国際花と緑の博覧会《はくらんかい》」が開催《かいさい》された折には、大阪教区の教友たちがトイレとパビリオン周辺の清掃、入場者の案内などのひのきしんを行った。そのとき、案内係のスタッフから「きょうは目の不自由な方々の団体が来られます。花の香りを楽しまれるそうです」という話を聞いた。

人間は外界《がいかい》からの情報を①目（視覚《しかく》）②耳（聴覚《ちょうかく》）③鼻（嗅覚《きゅうかく》）④舌（味覚《みかく》）⑤皮膚（触覚《しょっかく》）の五つの感覚器官《かんかくきかん》から受け取るとされる。この、いわゆる五感のうち、私たち健常者《けんじょうしゃ》はどうしても視覚にのみ頼りがちで、「目に見えないことは信じられない」といった極端《きょくたん》に即物的《そくぶつてき》な人さえいる。その中で、目の見えない方々が咲き乱れる花々をたずね、その香りを楽しみながら散策《さんさく》される様子《ようす》を想像するだけで、何か心温まるものを感じた。

どうやら人間の感覚器官は、訓練《くんれん》すればするほど研《と》ぎ澄《す》まされるものらしい。見事《みごと》な色彩《しきさい》を描《えが》き出す画家、微妙《びみょう》な音の違いを聞き分ける音楽家、ワインの香りと味わいを識別選定《しきべつせんてい》するソムリエ、磨《みが》き上げたレンズの仕上《しあ》がりを指先で確かめる研磨技師《けんまぎし》。天分《てんぶん》には差があっても、磨く努力を怠《おこた》っては光を放《はな》つことはない。

私たちは五感のほかにも、鋭《するど》く物事《ものごと》の本質《ほんしつ》をつかむ「第六感」という心のはたらきを持っているといわれる。これは人間の知見《ちけん》を超《こ》えた能力だが、真摯《しんし》な信仰生活によって身につくものではないだろうか。

「めへにめん（目に見えぬ）神のゆう事なす事を　たん／＼きいてしやん（思案）してみよ」（おふでさき　三号119）

# 「息は風なり、風は神なり」

立教163年4月23日号

春たけなわ。そよそよと吹き渡る風も、暖《あたた》かな陽《ひ》の光にキラキラと「風光《かぜひか》る」きょうこのごろである。

そもそも風とは、地球を取り巻く大気《たいき》が動くことだが、その風向《かざむ》きと風速は絶《た》えず変化する。数秒から数十秒の間隔《かんかく》で風が強弱を示す現象《げんしょう》を「風の息《いき》」というそうだ。人間と同じように、風も絶えず息づいているのである。

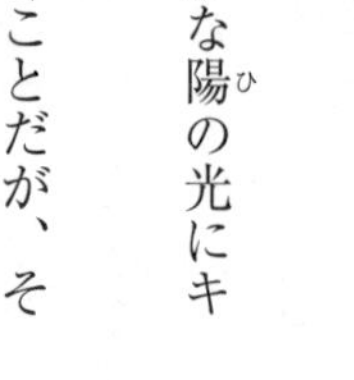

風には、昼と夜で風向きの変わる山谷風《やまたにかぜ》や海陸風《かいりくふう》、季節によって吹き分ける季節風《きせつふう》（モンスーン）、全地球的な規模《きぼ》で一定の循環《じゅんかん》と混合を続ける偏西《へんせい》風《ふう》や貿易風《ぼうえきふう》などがある。これらの風は、海から水蒸気《すいじょうき》を運んで雨を降《ふ》らせ、太陽の熱をくまなく地上に間配《まくば》り、気候《きこう》を調節してくれている。

明治二十年一月十三日のおさしづでは、「さあ／＼実《じつ》があれば実があるで。

実と言えば知ろまい。真実というは火《ひ》、水《みず》、風《かぜ》」（大意・お前たちに、親神に凭《もた》れる真実の心があれば、親神も真実の守護をするのである。親神の真実の守護とは、火、水、風の守護である＝筆者）と諭《さと》される。

また、こふき話十六年本（神の古記・桝《ます》井《い》本）には「火と水わ一の神なり。風よりほかに神わなし。いき《息》わ風なり、風わ神なり、いかな《如何》あしきもふき《吹》は《払》らうなり」（中山正善著『こふきの研究』）とある。また、親神様の十全《じゅうぜん》の守護の理では「かしこねのみこと　人間身《み》の内《うち》の息《いき》吹《ふ》き分《わ》け、世界では風の守護の理」（『天理教教典』第四章）と説かれている。

ふりそそぐ太陽の熱と光のありがたさ、喉《のど》をうるおす水のありがたさに比《くら》べて、人間を包みはぐくむ大気と風のありがたさは忘れ易《やす》い。心地《ここち》よい春風の季節にこそ、親神様の風のご守護を実感しよう。

そして、つく息・引く息、息吹き分けのご守護を享《う》けて、真心《まごころ》から出る美しい言葉、相手を思いやる優《やさ》しい言葉を心掛けたいものである。

# 「女松男松のへだて無い」

立教163年4月30日号

去る四月十九日、親里《おやさと》では天理教婦人会創立九十周年記念総会が、好天《こうてん》のもと誠《まこと》に盛大《せいだい》に執り行われた。

天理教婦人会の創立は明治四十三年一月二十八日のことで、初代真柱《しんばしら》夫人の中山たまへ様が三十四歳で初代会長に就任《しゅうにん》されたのであった。

その翌年には、日本では最も初期の婦人運動家とされる平塚《ひらつか》らいてう氏が青鞜社《せいとうしゃ》を結成し、機関誌《きかんし》『青鞜《せいとう》』を創刊《そうかん》している。らいてう氏は「青鞜」の発刊に際して「元始《げんし》、女性は実《じつ》に太陽であった。真正《しんせい》の人であった。今、女性は月である。他に依《よ》って生き、他の光によって輝《かがや》く、病人のや《よ》うな蒼白《あおじろ》い顔の月である」と記《しる》した。社会的に女性が甚《はなは》だしい差別を受けていた時代であった。ようやく婦人参政権《さんせいけん》が認められたのは戦後のことである。

法律で男女同権がうたわれるようになっても、なお法律・政治・職場・学校などにおける女性への性差別は根強《ねづよ》い。今日でもセクハラ（性的ないやがらせ）が絶えないのが現実だ。

現代よりはるかに男性中心的な女性観が一般的であった江戸時代末期から明治の初期に、天理教の教祖《おやさま》は「女松男松《めまつおまつ》のへだて無い」と教えられた。

女性はメンスがあることから不浄《ふじょう》（けがれている）とされた迷信《めいしん》については「女は不浄やと、世上《せじょう》で言うけれども、何も、不浄なことありゃせんで。男も女も、寸分違《すんぶんちが》わぬ神の子や。女というものは、子を宿《やど》さにゃならん、一つの骨折《ほねお》りがあるで」（教祖伝逸話篇一五八）と諭《さと》されている。

男性も女性も「寸分違わぬ神の子」として、お互いに親神様から与えられた徳分《とくぶん》を生かし、たすけ合って暮らすことが大切である。

天理教婦人会創立に際して、初代真柱様は「いはよりもかたきまこゝろむすひあひて　みちにつくせやこのみちの人」の短歌を贈《おく》られた。

# 大自然は親神様の体

立教163年5月7日号

暦《こよみ》の上では早くも「立夏《りっか》」を迎え、木々の緑なす若葉《わかば》がまぶしい。昨年の晩秋《ばんしゅう》に葉を落とした落葉樹《らくようじゅ》はもとより、常緑樹《じょうりょくじゅ》さえみずみずしい若い葉をのぞかせている。

木の種類によって若葉の色合《いろあ》いは微妙《びみょう》に異《こと》なるが、一様《いちよう》に緑色をしているのは、葉の細胞内《さいぼうない》の葉緑体《ようりょくたい》が葉緑素《ようりょくそ》（クロロフィル）という色素《しきそ》を含《ふく》んでいるからだ。この葉緑素が、光エネルギーを用いて二酸化炭素《にさんかたんそ》（炭酸《たんさん》ガス）と水から、でん粉《ぷん》などの有機物《ゆうきぶつ》を生み出す光合成《こうごうせい》の主役である。

近年の分子生物学《ぶんしせいぶつがく》の発達により、動物も植物も、生きとし生けるものはすべて細胞からできており、細胞内のDNA《ディーエヌエー》（デオキシリボ核酸《かくさん》）が遺伝《いでん》をつかさどる物質であることが分かった。さらに、DNAの遺伝情報はアデニン（A）・チミン（T）・グアニン（G）・シトシン（C）という四つの塩基《えんき》文字で書かれていて、植物を含め地球上のすべての生物は同じ塩基文字から無数のタンパク質を合成していることが判明《はんめい》。生命の起源《きげん》は一つであることが証明されたのであった。

親神様の体であるこの世界の中で、私たち動物は酸素を吸って炭酸ガスを吐《は》き出し、植物は炭酸ガスを吸収《きゅうしゅう》して同量の酸素を放出《ほうしゅつ》する。二つ一つの絶妙《ぜつみょう》のバランスによって生命活動を営《いとな》んでいることは、まさに不思議としか言いようがない。

しかしながら近年は、石油などの化石燃料《かせきねんりょう》の大量消費と無計画な森林の伐採《ばっさい》などによる炭酸ガスの増加や、ダイオキシンなどの環境ホルモンによる地球の汚染に対し、識者《しきしゃ》から警告《けいこく》が発せられている。親神様の体・大自然は、大切にせねばならない。

「たん／＼となに事にてもこのよふわ　神のからだやしやんしてみよ」（おふでさき三号　40・135）

# 天理教の労働観

立教163年5月14日号

五月十四日は「全教一斉《ぜんきょういっせい》ひのきしんデー」。全国各地の会場で、遠くは海外においても、天理教信者によるひのきしん図絵《ずえ》が繰《く》り広《ひろ》げられる。

お道を信仰するお互《たが》いの重要な実践《じっせん》教理であるひのきしんに漢字を当てれば「日《ひ》(々)の寄進《きしん》」だろう。日々に親神様から頂戴《ちょうだい》しているご恩に感謝する心を、日々の行為《こうい》に表現することが、真実のお供え(寄進)となる。したがって、ひのきしんと「働くこと」は非常に深い関係があると思われる。

キリスト教の『旧約聖書《きゅうやくせいしょ》』「創世記《そうせいき》」には、禁断《きんだん》の木《こ》の実《み》を食べたアダムに対し、神は「地はあなたのためにのろわれ、あなたは一生、苦しんで地から食物《しょくもつ》を取る。地はあなたのために、いばらとあざみとを生じ、あなたは野の草を食べるであろう。あなたは顔に汗《あせ》してパンを食べ、ついに土に帰る」

と言われ、エデンの園《その》から追放《ついほう》されたとされる。ここでは「働くこと」は「労働」であり、その本質《ほんしつ》は苦しみであると暗示《あんじ》されているようだ。

教祖《おやさま》は「働くというのは、はたはたの者を楽にするから、はたらく（註・側楽《はたらく》）と言うのや」（教祖伝逸話篇一九七）と、お聞かせくだされた。

そしてひのきしんの意味合《いみあ》いについては、みかぐらうたのおうたによって種々《しゅじゅ》と教えてくだされている。

①「やむほどつらいことハない　わしもこれからひのきしん」（三下り目　8）

＝親神様からお借りしている体を働かせるひのきしんは「無病息災《むびょうそくさい》」の元《もと》。

②「ふうふそろうてひのきしん　これがだい〳〵ちものだねや」（十一下り目　2）

＝親子・夫婦・兄弟が一つ心になるひのきしんは「家内円満《かないえんまん》」の物種《ものだね》。

③「よくをわすれてひのきしん　これがだい〳〵ちこえとなる」（十一下り目　4）

＝欲を忘れて自発的《じはってき》なひのきしんを続けることが、親神様のご守護を頂戴《ちょうだい》する基礎造《きそづく》りとなる。

# 田植えの思い出

立教163年5月21日

先日、琵琶湖《びわこ》の西岸を通過する列車の車窓《しゃそう》から眺《なが》めると、五月初旬《しょじゅん》の水田《すいでん》はどれも田植《たう》えが終わっていた。田植えの時期は六月の梅雨時《つゆどき》とばかり思っていたが、最近は早期栽培《そうきさいばい》の普及《ふきゅう》などで、次第《しだい》に早くなっているそうだ。

子どものころに一度だけ、田植えをしたことがある。代掻《しろか》きの済《す》んだ土は、ヌルヌルした独特《どくとく》の感触《かんしょく》だった。苗《なえ》は、差し込み方が足《た》らぬと倒れるし、深く差し過ぎると腐《くさ》ってしまうという。腰をかがめての作業に閉口《へいこう》して、短時間でギブアップしてしまった苦《にが》い思い出がある。

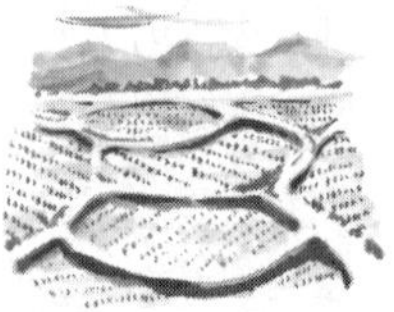

手植《てう》えの場合、一人が一〇アール（約三百坪《つぼ》）を植《う》え付《つ》けるのに、およそ十～十二時間を要《よう》するという。これは、六十畳《じょう》ほどの面積の田植えをわずか一時間で終《お》える計算だから、実に過重《かじゅう》な労働である。

近年の田植え作業の大部分は、一時間に三〇～五〇アールも植え付ける田植え機が利用されているそうだ。紺《こん》の単《ひとえ》に赤だすき、白い手ぬぐいに新しい菅笠《すげがさ》の早乙女《さおとめ》の姿が見られなくなったのも、無理からぬことである。

「毛」には「草木・作物《さくもつ》」の意味があって、大和《やまと》の方言《ほうげん》では農作物のことを立毛《りゅうけ》という。明治八年に教祖《おやさま》は、特定の守護をお願いしてつとめる「十一通りのつとめ」を教えられたが、そのうち「肥《こえ》」「萠出《はえで》」「虫払《むしはら》い」「雨乞《あまご》い」「雨あづけ」「みのり」の六通りまでもが農事《のうじ》に関するものであった。人間の食生活が親神様のご守護に大きく支《ささ》えられていることが悟《さと》れると思う。

火《ひ》・水《みず》・風《かぜ》のご守護に包まれて、一本の稲《いね》の苗が出穂《しゅっすい》し、開花《かいか》し、実が熟《じゅく》す。一膳《ぜん》のご飯が食卓《しょくたく》に供《きょう》せられるまでの、親神様のご守護と多くの人々の努力に合掌《がっしょう》。

「りうけいがいさみでるよとをもうなら　かぐらつとめやてをとりをせよ」
（おふでさき　一号14）

## 「木綿」のような心の人

立教163年5月28日号

関西地方では連日のように最高気温が二五℃を超える夏日《なつび》である。あと十日もすれば、生徒たちの制服も一斉《いっせい》に夏服となる。衣更《ころもが》えの季節だ。

平安時代は、四月一日から袷《あわせ》、五月五日から帷子《かたびら》、八月十五日から生絹《すずし》、九月九日から綿入《わたいれ》、十月一日から練絹《ねりぎぬ》を着用したそうだ。いずれの日付《ひづけ》も旧《きゅう》暦《れき》だから、太陽暦《たいようれき》ではおよそ一カ月ほど遅《おそ》くなるが、当時の庶民《しょみん》が絹織物《きぬおりもの》や麻《あさ》の帷子を着られたはずはないから、これは貴族《きぞく》社会でのことだろう。

教祖《おやさま》は明治五年、若井《わかい》村（奈良県生駒《いこま》郡平群《へぐり》町若井）の松尾市兵衛《まつおいちべえ》・ハルの夫婦に「麻と絹と木綿《もめん》の話」（教祖伝逸話篇二六）をされた。

要約《ようやく》すると、「麻」は、夏はよいが、冬は寒くて着られない。すぐに変色《へんしょく》し、濃《こ》い色に染めても色むらが出て、反故同然《ほごどうぜん》になる。「絹」は、羽織《はおり》にしても着物にしても上品《じょうひん》でよいが、少し古くなると、どうにもならない。「木綿」は、ありきたりのものだが、冬は暖《あたた》かく、夏は汗をかいてもよく吸い取る。何遍《なんべん》でも洗濯でき、古くなっても、おしめにも雑巾《ぞうきん》にも、わらじにもなる。形がなくなるまで使える木綿のような心の人を、神様はお望みになっている。

このお話を聞いて、市兵衛夫妻は心に木綿の二字を刻《きざ》み込《こ》み、生涯《しょうがい》、木綿以外は身につけなかった。もっとも、最近では木綿は高級品だが、その本来の価値が見直されてきたのかもしれない。

順風満帆《じゅんぷうまんぱん》の時は非常に良いが、都合《つごう》が悪くなると手のつけられない人もいる。上品で高貴《こうき》な感じのする人でも、家運《かうん》が傾《かたむ》くと尾羽《おは》打ち枯らして、みすぼらしくなることがある。

いかなるときにも変わらぬ精神で、度重《たびかさ》なるふしを乗り越え、生涯を世のため人のために役立たせる「木綿」のような心の人を、親神様はお望みくださるのである。

# 水は、生命の水

立教163年6月4日号

梅雨《つゆ》のない北海道のほかは全国的に梅雨入りの季節だ。梅雨明けは、平年だと九州南部で七月十三日、近畿《きんき》で七月十九日、関東で七月二十日、東北北部で七月二十六日。梅雨の期間は、一カ月半から二カ月弱で、意外に長いのだ。

もっとも、この間ずっと雨が降《ふ》るわけでないが、梅雨といえばシトシトと降り続く長雨《ながあめ》のイメージが強い。

以前、アフリカのコンゴ・ブラザビルに長期赴任《ふにん》していた友人に、コンゴにも梅雨があるのかと尋《たず》ねたところ、意外な答えが返ってきた。当地では雨《う》期《き》と乾期《かんき》がはっきりとしており、快晴《かいせい》の日が続いて、毎日決まった時刻に積《せき》乱雲《らんうん》が発生し猛烈《もうれつ》なスコールが来るのが雨期。一方、乾期には連日のように雲が空を覆《おお》うが、雨は降らないのだという。やはり世界は広い。

梅雨時のじめじめした天候を好む人はいないだろうが、人間をはじめ生きとし生けるものは、水がなくては死んでしまう。
太陽系惑星《たいようけいわくせい》の中でただ一つ、水の豊富な地球は水惑星《みずわくせい》と呼ばれる。地表の三分の二は海水で覆われ、平均深度《しんど》は三千八百メートル。陸上には河川《かせん》が流れ、湖沼《こしょう》が水をたたえる。北極と南極には大量の氷が蓄《たくわ》えられ、大気中《たいきちゅう》には水蒸気《すいじょうき》が満ちて雲となり、きわめて蒸留水《じょうりゅうすい》に近い雨となって大地を潤《うるお》す。地球上の生物はすべて、親神様の水気上《すいきあ》げ下《さ》げのご守護に浴しているのだ。

炎天下《えんてんか》で思い切り汗を流してから、一気《いっき》に喉《のど》をうるおすビールの味は、愛《あい》飲家《いんか》には格別《かくべつ》だ。しかし、四〇℃を超す猛暑《もうしょ》に長時間さらされ、完璧《かんぺき》に喉が渇《かわ》き切ったときには、冷たい水ほど美味《うま》いものがないことは筆者が体験済《ず》み。

やはり水は、生命を維持《いじ》していく上で掛《か》け替《が》えのないものなのである。

「せかいにわあめをほしいとをもたとて　このもとなるをたれもしろまい」

（おふでさき　十二号155）

# 梅干の作り方

立教163年6月11日号

初夏《しょか》の訪《おとず》れ。梅の木が青々《あおあお》とした実を結《むす》んでいる。梅干《うめぼし》を作るには、実が薄黄色《うすきいろ》になったころに採《と》り入《い》れる。

七、八年も以前のこと。ブラジル巡教《じゅんきょう》の途次《とじ》に友人の教会を訪問すると、奥様が梅干を作っておられた。しかし、どうしても日本の梅干のようにはならないので、作り方を教えてほしいという。答えに窮《きゅう》した私は、日本に帰ったら作り方を教えてもらい、手紙で送ることを約束した。

以下は、後日に送付《そうふ》した梅干の作り方。

①採り入れ二～三日後に梅の実のヘソを爪楊枝《つまようじ》できれいに取る　②実を水洗いして一晩《ひとばん》水に浸《つ》け、酸味《さんみ》を取る　③ザルに空《あ》けて水分を抜き、一個ずつ水気《みずけ》をふき取る　④ビンに、梅一升《しょう》に対し粗塩《あらじお》二合《ごう》の割合《わりあい》で浸ける（塩は少ないとカビが生え、多いと辛《から》すぎる）　⑤梅、塩、梅、塩の順番に浸け、軽

いめの重しを載せて、梅酢《うめず》が出るまで置く　⑥夏の最も暑い時期になったら、梅の実をビンから出して直射日光《ちょくしゃにっこう》で干す（土用干し《どようぼし》）。梅酢も、ビンのフタをしたまま直射日光に当てる　⑦夜はビンに戻《もど》し、翌日、天気が良ければ、再《ふたた》び干す（この作業を三回繰《く》り返《かえ》す）　⑧土用干しが終われば、ビンに入れて保存する（およそ一～二カ月で梅干が出来上がる）。

梅干ひとつ作るにも、大変な心配りと手間が掛かる。人を育てるには、比較にならぬほどの根気《こんき》と丹精《たんせい》が必要であろう。

教祖《おやさま》は「分からん子供が分からんのやない。親の教《おしえ》が届かんのや。親の教が、隅々《すみずみ》まで届いたなら、子供の成人が分かるであろ」（教祖伝逸話篇一九六）と仰せられ、分からぬ人も分かり、たすからぬ人もたすかり、難儀《なんぎ》する人も難儀せぬ道をおつけくだされた。

なお、前記の方法で梅干がうまくできなかった場合、その責任は負いかねます。

# ショウブとアヤメの違い

立教163年6月18日号

先日、海外から帰参《きさん》された方々を案内して、奈良県宇陀郡滝谷《うだぐんたきたに》にある「花しょうぶ園」を訪ねた。

好天にも恵まれ、鑑賞園《かんしょうえん》に満開《まんかい》のハナショウブを期待したが、今年は花の季節が十日以上も遅《おそ》く、ほんの一分《ぶ》咲き程度。「お気《き》の毒《どく》に、またおいでください」と、入場口で無料の招待券を頂戴《ちょうだい》したが、そこここに咲き始めた花の装《よそお》いはそれなりの風情《ふぜい》があり、結構《けっこう》楽しむことができた。

どちらもすぐれていて優劣《ゆうれつ》つけがたいことを「何《いず》れ菖蒲《あやめ》か杜若《かきつばた》」という。ハナショウブは、アヤメやカキツバタと同じアヤメ科の多年草《たねんそう》で、剣状《けんじょう》をした葉の中脈《ちゅうみゃく》が著《いちじる》しく隆起《りゅうき》している点で異《こと》なる……と説明されても、平素《へいそ》からあまり花に興味のない筆者にはよく分からないのだが。

同種の花であっても、色合《いろあ》いも姿形《すがたかたち》もそれぞれに異なるから判別《はんべつ》しにくいが、「菖蒲」という文字を「あやめ」とも「しょうぶ」とも読ませるのはいかがなものか。

ショウブは、サトイモ科の多年草で、アヤメとは全く異種《いしゅ》なのである。

よく似たことは「神」についてもいえる。総選挙を前に、森総理の「神の国」発言が取りざたされているが、神道《しんとう》の八百万《やおよろず》の神、キリスト教のエホバ、イスラム教のアッラーも神であり、仏教では仏法《ぶっぽう》を護持《ごじ》するのが神である。山や巨岩《きょがん》や大木《たいぼく》を神と崇《あが》める人もいる。同じ神という言葉であっても、人によりその受け取り方はさまざまなのだ。

私たちが信仰する親神様は、この世と人間を創《つく》り人間の身上《みじょう》や生活を守護される「元《もと》の神様・実《じつ》の神様」であり、喜びも悲しみもそのままに打ち明けて、すがることのできる「人間の親なる神様」である。

「月日よりないにんけんやないせかい　はじめかけたるをやであるぞや」

（おふでさき　十六号53）

# 結婚の条件は「心の美しいこと」

立教163年6月25日号

六月も下旬《げじゅん》となれば、今年も本格的な梅雨《つゆ》の季節。

欧米《おうべい》では、六月が女性と結婚生活の守護神《しゅごしん》ジュノー（ローマ神話のジュピターの妻）の月であることから、この月に結婚すると幸福になるとされ、結婚月に選ぶカップルが多いそうだ。日本の場合は天候不順《ふじゅん》の時期に当たるが、それでも結婚月として人気が高いという。

結婚は、当事者にとって生涯《しょうがい》の伴侶《はんりょ》を決める一生の一大事《いちだいじ》であるばかりでなく、両親はじめ家族、親族、縁者《えんじゃ》にとっても大きな関心事《かんしんじ》だ。

結婚の条件としては、収入《しゅうにゅう》、職種《しょくしゅ》、家柄《いえがら》、家族構成、年齢、容姿《ようし》などを挙《あ》げるのが一般的か。血液型や黄道《こうどう》十二宮《きゅう》の星座などを条件にするのは可愛《かわい》げがあるが、国籍《こくせき》や人種、出身地などへの偏見《へんけん》から起こる結婚差別などは言《ごん》語道断《ごどうだん》だ。

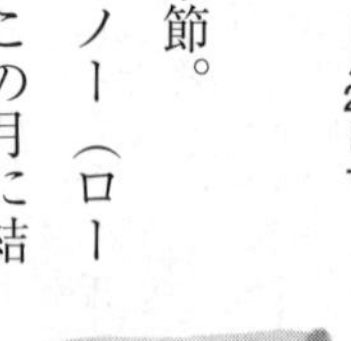

あと二、三年もすれば、三十億文字ともいわれる人間のゲノム（全《ぜん》遺伝《いでん》情報）が読み取られる見込《みこ》みだという。すでにアメリカでは、糖尿病《とうにょうびょう》やアルツハイマー病、ある種のガンなどの遺伝子診断《しんだん》がなされている。将来は遺伝子情報も結婚の条件となるのだろうか。

閑話休題《それはさておき》。嘉永《かえい》五年（一八五二年）教祖《おやさま》の三女おきみ様（結婚して、おはると改名《かいめい》）と、櫟本《いちのもと》村で鍛冶職《かじしょく》を生業《なりわい》とする梶本惣治郎《かじもとそうじろう》氏との縁談《えんだん》が持ち上がった。辻忠作《つじちゅうさく》氏を仲人《なこうど》として教祖に縁談を申し込んだところ、教祖は「惣治郎ならば、見合《みあ》いも何もなくとも、心の美しいのを見て、やる」と仰《おお》せられた（教祖伝逸話篇六）。惣治郎氏は、幼少《ようしょう》のころから気立《きだ》てがよく素直《すなお》なため、村でも「仏《ほとけ》惣治郎」と呼ばれていたという。

こうして結ばれたご夫婦の三男としてお生まれになったのが初代真柱《しんばしら》・中《なか》山《やま》眞之亮《しんのすけ》様である。教祖が挙《あ》げられた結婚の条件はただ一つ、「心の美しいこと」であった。

## 「食べられる生命」への心配り　立教163年7月2日号

静かに降《ふ》る雨に濡《ぬ》れながら、花の色を移《うつ》ろわす紫陽花《あじさい》の葉に、カタツムリと雨ガエルが並んでいるような、そんな季節となった。

日本人でカタツムリやカエルに食欲を感じる人は少ないだろうが、これらはフランス料理では立派な食材《しょくざい》なのだ。

西欧《せいおう》の三大珍味《ちんみ》はキャビア（チョウザメの卵）、フォアグラ（肥満《ひまん》させたガチョウの肝臓《かんぞう》）、トリュフ（地下生《ちかせい》キノコ）だが、エスカルゴ（食用カタツムリ）やグルヌイユ（食用ガエル＝ウシガエルのモモ肉）も、飾り立てた食卓《しょくたく》に並《なら》べられる。どうやらフランスも食糧難《しょくりょうなん》の時代が長かったようだ。

筆者の少年時代は、決して飽食《ほうしょく》の時代でなかったから、ずいぶん変わったものを食べさせてもらった。中でも、ドジョウの蒲焼《かばや》きと、こんがり焼いたアメリカザリガニの尾は美味《びみ》だったが、拾《ひろ》ってきて飼《か》っていた子犬を食べられてしまった時は本当に悲しかった。現代では考えられないことである。人間は命《いのち》あるものが創《つく》り出した有機物《ゆうきぶつ》を食べなければ、生きてゆけない。お米も野菜も、食卓に上《のぼ》る以前は生命をもっていた。家畜《かちく》や魚介類《ぎょかいるい》は、私たちが食べる前に殺される。問題は、生命を犠牲《ぎせい》にして人間の食料になるものたちへの心配《こころくば》りだろう。冷蔵庫の中で忘れられて腐《くさ》ったり、食い散らされたり、果ては「まずい」と言われたのでは、浮《う》かぶ瀬《せ》もあるまい。

教祖《おやさま》は、お屋敷につとめる人々がドジョウ、モロコ、エビなどを甘煮《うまに》にしてお目にかけると、「皆《み》んなも、食べる時には、おいしい、おいしいと言うてやっておくれ。人間に、おいしいと言うて食べてもろうたら、喜ばれた理で、今度《こんど》は出世《しゅっせ》して、生まれ替わる度毎《たびごと》に、人間の方へ近《ちこ》うなって来るのやで」（教祖伝逸話篇一三二）と、お教えくだされた。

# 銀河系の星と人体の細胞

立教163年7月9日号

かささぎのわたせる橋に置く霜《しも》の白きを見れば夜《よ》ぞ更《ふ》けにける（家持《やかもち》）

カササギは翼長《よくちょう》約二〇センチのカラス科の鳥で、腹部《ふくぶ》と肩《かた》が白いほかは光沢《こうたく》のある黒緑色《こくりょくしょく》。七月七日に雨が降《ふ》れば天《あま》の川《がわ》の水かさが増え、年に一度の逢瀬《おうせ》を待ち兼《か》ねた牽牛《けんぎゅう》と織女《しょくじょ》が出会えない。カササギはそれを哀《あわ》れみ、翼《つばさ》を並《なら》べて橋となり、織女を渡してやるという。壮大《そうだい》な伝説である。

天の川は、二千億個の恒星《こうせい》からなる銀河系宇宙《ぎんがけいうちゅう》の円板部《えんばんぶ》の星が重《かさ》なって、天上《てんじょう》を流れる銀色の河《かわ》に見えるそうだ。

日本のほとんどの地域では、淡《あわ》い帯状《おびじょう》の雲のようにしか見えないが、英語では天の川のことをミルキーウエイ（牛乳の道）という。大げさな表現だと思っていたが、二十年ほど以前に赤道直下《せきどうちょっか》のアフリカで見た天の川は、まさに銀白色《ぎんはくしょく》に輝《かがや》いていた。南十字星《みなみじゅうじせい》のつつましやかな輝きよりも、漆黒《しっこく》の夜空を堂々とよぎる銀河の姿が、今でも瞼《まぶた》の裏に焼きついている。

先日、米国のクリントン大統領が、三十億文字ともいわれるヒトゲノム（人間の全遺伝情報《ぜんいでん》）の概要《がいよう》の読み取り完了《かんりょう》を宣言《せんげん》した。これは日米欧の公的研究グループと、遺伝情報解析《かいせき》会社セレラ・ジェノミクス社による成果で、今後研究が進めば、病気に結びつく遺伝子《いでんし》の解明《かいめい》から、遺伝子治療《ちりょう》や新薬の開発が期待される。一方、遺伝情報の漏洩《ろうえい》による就職や結婚差別の危険性もはらんでいる。

人間の設計図でもあるヒトゲノムが三十億文字とすれば、これは一ページ三千文字で千ページの本が千冊分の情報となる。その同じ情報が、銀河系宇宙の恒星の数の三百倍に相当《そうとう》する六十兆個の人間のすべての細胞に書き込まれている。これは、まさに人間わざではない。

「月日よりたん〳〵心つくしきり　そのゆへなるのにんけんである」（おふでさき　六号88）

# カミナリの季節

立教163年7月16日号

今年の梅雨《つゆ》も明け、本格的な夏が来た。

先日、教友から届いた便りによると、夏が来る前から湿気《しっけ》と暑気《あつけ》で夏バテしているとのこと。これでは先が思いやられる。

春夏秋冬《しゅんかしゅうとう》の四季がある原因は、地球の自転軸《じてんじく》が公転面《こうてんめん》に対して二三度三〇分傾《かたむ》いているので、太陽光線の入射角《にゅうしゃかく》が変化することにあるという。単にそれだけの理由で、陽射《ひざ》しと気温が変化するのみならず、風向《かざむ》きも湿度《しつど》も変わり、雨量《うりょう》や雨の降《ふ》り方まで異《こと》なるのだから不思議である。

夏は、雷《かみなり》の季節でもある。雷は雲と雲との間や、雲と地表との間に生ずる放電現象《ほうでんげんしょう》だが、昔の人は雷の音を神鳴《かみなり》、光を稲妻《いなづま》、合わせて雷電《らいでん》と呼んだ。

雲の上にいる雷神《らいじん》「かみなりさま」が、虎《とら》の皮《かわ》の褌《ふんどし》を締《し》め太鼓を打ちへそを取るというのは、ほほえましい俗信《ぞくしん》だ。一方、空にひらめく稲妻によって稲が実るとされたことは、時として人命を奪《うば》う恐ろしい稲光《いなびかり》にも、天の恵みがあると考えていたのだろう。

科学技術が急速な進歩を遂《と》げる今日でも、暗くなってから遠くで光る稲妻は美しいが、近くの落雷《らくらい》には肝《きも》を冷やされる。それは、人間の知恵や力をはるかに超《こ》えていて、落雷から逃れるには避雷針《ひらいしん》を立て、ひたすら祈るしか方法がないからだ。絶大な親神様のお力を垣間見《かいまみ》る一瞬《いっしゅん》でもある。

「天地《てんち》は月日《つきひ》の理で、人は、天地抱《だ》き合《あわ》せの、親神の懐《ふところ》に抱《いだ》かれて、限りない慈《いつく》しみのままに生活《くら》している」(『天理教教典』第四章)

その懐の中でも、集中豪雨《しゅうちゅうごうう》や台風、地震《じしん》や火山の噴火《ふんか》などの天災地変《てんさいちへん》は起こる。その前で人は、ただ謙虚《けんきょ》にならざるを得ない。

「このちからにんけんハさとをもハれん　神のちからやこれハかなわん」

(おふでさき　三号91)

# 暑さをしのぐ消夏法

立教163年7月23日号

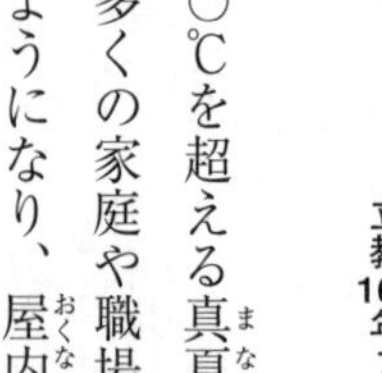

暦《こよみ》の上では大暑《たいしょ》。最高気温が三〇℃を超える真夏日《まなつび》が、もう幾日《いくにち》も続いている。最近では、多くの家庭や職場、自動車や列車の中にも冷房装置が備《そな》わるようになり、屋内《おくない》や車内ではかなり暑さをしのげるようになったが、外を出歩《であ》く時はひたすら暑さに耐《た》えるしかない。

戦国時代の天正《てんしょう》十年（一五八二年）織田信長《おだのぶなが》が甲斐《かい》（現山梨県）の武田勝頼《たけだかつより》を攻め滅《ほろ》ぼした折《おり》に、恵林寺三門上《えりんじさんもんじょう》にこもり焼死した禅僧《ぜんそう》・快川紹喜和尚《かいせんじょうきおしょう》の辞世《じせい》の句「安禅必《あんぜんかなら》ずしも山水《さんすい》を須《もち》ひず、心頭滅却《しんとうめっきゃく》すれば火も自《おの》ずから涼《すず》し」は有名。われら凡人《ぼんじん》でも、心の持ち方ひとつでしばらくは暑さに耐えることはできるが、やはり暑い時はアツイ。

しかし、農作物でも特に稲の収穫《しゅうかく》には夏の暑さが必要で、夏季の異常低温は、稲穂《いなほ》が十分に実《みの》らない「冷害《れいがい》」を招《まね》いてしまう。つまり、涼《すず》しい夏というのは気象災害《きしょうさいがい》の一種であるから、米を主食とする日本人は暑い夏に感謝しなくてはならないのである。それでも、暑い時はアツイ？

日本では昔から、夏の暑さをしのぐ「消夏法《しょうかほう》」が考えられた。風鈴《ふうりん》、虫の音《ね》、打ち水、行水《ぎょうずい》、海水浴、花火、たますだれ、団扇《うちわ》、扇子《せんす》、扇風機、カキ氷、ラムネ、などは夏の楽しみ。冷やしたスイカ、ウリ、トマトなどが美味《びみ》なのも、夏なればこそ。しかも人体には、体温が上昇《じょうしょう》すると、汗を出して気《き》化熱《かねつ》で体を冷やし、毛穴《けあな》は開き、呼吸が盛んになって体温を低くするという、温度調節機能《きのう》が備わっている。

「人体のこの精巧《たくみ》な構造、微妙《びみょう》な機能《はたらき》は、両親の工夫《くふう》で造られたものでもなければ、銘々《めいめい》の力で動かせるものでもない。すべては、親神の妙《たえ》なる思わくにより、又《また》、その守護による」(『天理教教典』第七章)

暑さに負けず頑張《がんば》ろう。

# 「土用の丑の日」の話

立教163年7月30日号

暑中お見舞い申し上げます。

連日猛暑《もうしょ》が続きますが、お体には十分気をつけてお過ごしください。ちなみに七月三十日は「土用《どよう》の丑《うし》の日」なので、ウナギの蒲焼《かばやき》で夏負けなど吹き飛ばしてはいかがでしょう。

とはいえ、「土用の丑の日」にウナギを食する風習は、江戸時代にエレキテルを発明した科学者で戯作者《げさくしゃ》でもあった平賀源内《ひらがげんない》の発案とも伝えられるが、なんの根拠《こんきょ》もない。この日はウナギ屋さんはどこも満員なので、安くて美味《おい》しいウナギの蒲焼にありつくには、少し日をずらした方が賢明《けんめい》だろう。

そもそも、この土用なるものは、春夏秋冬の季節の変わり日、すなわち立《りっ》春《しゅん》・立夏《りっか》・立秋《りっしゅう》・立冬《りっとう》の前の約十八日間のこと。この世のすべてのものごとは「木《もく》・火《か》・土《ど》・金《こん》・水《すい》」の五元素《げんそ》から成り立っているとする古代中国の思

想（五行説《ごぎょうせつ》）から、四季を五つに分けるため、春＝木、夏＝火、秋＝金、冬＝水としたが、「土」の持って行き場がないので、各季節の終わりの十八日間を「土」がつかさどると付会《ふかい》（こじつけ）したものだ。現在では、夏の土用だけが生き残っている。

ついでに言えば「丑の日」なるものも、中国古代の暦法《れきほう》で、子《ね》・丑《うし》・寅《とら》・卯《う》・辰《たつ》・巳《み》・午《うま》・未《ひつじ》・申《さる》・酉《とり》・戌《いぬ》・亥《い》の十二支《し》を、年月日に割り振っただけのこと。さらに、結婚式は仏滅《ぶつめつ》を、葬式は友引《ともびき》を避《さ》けるといった六曜《よう》も、「先勝《せんしょう》（さきがち）・友引《ともびき》・先負《せんぶ》（さきまけ）・仏滅《ぶつめつ》・大安《たいあん》・赤口《しゃっこう》（しゃっく）」の順に、旧暦《きゅうれき》の朔日《ついたち》に割り当てただけのものだが、多くの人が気にするだけに、迷惑《めいわく》な話である。

教祖《おやさま》は、「不足《ふそく》に思う日はない。皆、吉《よ》い日やで。世界では、縁談《えんだん》や棟上《むねあ》げなどには日を選ぶが、皆の心の勇む日が、一番吉い日やで」（教祖伝逸話篇一七三）と教えられた。

# ユダヤ人の知恵

立教163年8月6日号

親里《おやさと》では、七月二十六日から十日間にわたり大勢の子どもたちの笑顔があふれた「こどもおぢばがえり」が幕を閉じ、八月九日からは一週間の「学生生徒修養会・高校の部」が始まる。今年の「暑中見舞い」を出すのは八月七日の立秋《りっしゅう》までで、それ以後は「残暑お見舞い」となるそうだが、連日猛暑《もうしょ》が続く親里で、信仰を身につけてゆく青少年の姿は末頼《すえたの》もしい。

二十年も以前の夏、カナダのユダヤ人大学教授が、家族連れで私どもの詰所に一週間ほど滞在《たいざい》したことがある。その教授は、日本文化の「能楽《のうがく》」を研究していて、日本語が堪能《たんのう》な上に、奥様は日本人なので、気楽《きらく》にお世話どりができた。

ある日、夜も更《ふ》けてから彼らの部屋を訪《おとず》れたところ、夫婦と三人の子どもがユダヤ教の聖典《せいてん》（旧約聖書《きゅうやくせいしょ》）を読んでいた。聞けば、それは毎夜の日課で、親が子どもに残せる最高のプレゼントは「信仰と教育」であると語った。
ユダヤ人の教育熱心は有名で、著名《ちょめい》な科学者、弁護士、建築家などにユダヤ系の人が多い。それは、長らく祖国《そこく》を持てなかった民族であるがゆえに、目に見えた土地や財産よりも、目に見えぬ教育や技術を身につけることに価値があったからだといわれる。教授は、その上に信仰心に根ざした強い精神力があれば、どの国に住もうとも心配は要《い》らないというのだ。
教祖《おやさま》が、山中《やまなか》こいそに「目に見える徳ほしいか、目に見えん徳ほしいか。どちらやな」と、仰《おお》せになった時、こいそは「形《かたち》のある物は、失《うしの》うたり盗《と》られたりしますので、目に見えん徳頂きとうございます」と、お答え申し上げた。(教祖伝逸話篇六三)
山中こいそ姉は、教祖のお言葉をいただいて倉橋《くらはし》村の山田伊八郎《やまだいはちろう》氏(後《のち》に敷島《しきしま》大教会二代会長・本部員)と結婚。結婚した年の暮れまでに村の半数を信仰に導いたのであった。

# 死後の世界について

立教163年8月13日号

八月も半《なか》ば近くになると、全国的に「お盆《ぼん》」の帰省《きせい》が始まる。この期間中に遠出《とおで》を計画するには、帰省とUターンのラッシュ時をはずすのが常識となった。

「お盆」は「盂蘭盆《うらぼん》」の略。釈迦《しゃか》の十大弟子の一人で神通《じんつう》第一とされた目連《もくれん》が、餓鬼道《がきどう》に落ちて苦しむ母を救うため、種々《しゅじゅ》の食べ物を供《そな》えて供養したことに始まるとされる。祖先の霊を慰《なぐさ》めるため、迎え火や送り火を焚《た》き、墓参りや盆踊りが行われるが、今日ではサラリーマンの夏期休暇《かききゅうか》と言った方が分かりやすい。

人間の死後はどうなるのか。仏教の輪廻《りんね》思想では、人間は「天上《てんじょう》・人間・修羅《しゅら》・畜生《ちくしょう》・餓鬼《がき》・地獄《じごく》」の六つの世界（六道《りくどう》）に迷いの生死を重ねるが、いずれも苦しみの世界なので、仏《ほとけ》の世界である極楽浄土《ごくらくじょうど》へ生まれる（往生《おうじょう》する）ことを理想とするのが、代表的な考え方。キリスト教やイスラム教など『旧約聖書《きゅうやくせいしょ》』の流れを汲《く》む宗教では前世《ぜんせ》は認めず、死後は神による審判《しんぱん》を受けて、ただ一回の来世《らいせ》である天国か地獄で永遠に暮らすとされる。

天理教では、人間の魂《たましい》は「生《い》き通《どお》し」であり、元初《もとはじ》まりの時から陽気ぐらしへ至るまで、親神様から体をお借りして「生まれかわり出かわり」すると教えられる。それも「親が子となり、子が親となり」（おさしづ　明治二一・四・一六）と教えられるように、それぞれのいんねんに応じた所に生まれてくる。したがって、死は「出直《でなお》し」であり、誕生するまでの間の魂は、親神様が抱きしめていてくださるのである。

なお、この季節には「霊のたたり」など怪談めいた話題が好まれるようだが、おふでさきには「このよふにかまい（祟《たた》り）つきもの（憑《つ》き物《もの》）ばけものも　かならすあるとさらにをもうな」（十四号16）と明示されている。

# はかないセミの寿命

立教163年8月20日号

秋来ぬと目にはさやかに見えねども風の音にぞおどろかれぬる（敏行《としゆき》）

ひときわ暑かった今年の夏も、ようやく終わりに近づいたのだろう、朝夕には忍び寄る秋の気配《けはい》が感じられるようになった。それも前掲《ぜんけい》の和歌のように「風の音」に驚くよりは、移り変わるセミの声で感じる方がたやすい。「ジージー」と煮《に》えたぎるようなアブラゼミや、「シャーシャー」と高い音で鳴くクマゼミの声から、「カナカナ」と美しい金属音《きんぞくおん》を発するヒグラシや、「オーシツクツク」を繰《く》り返《かえ》すツクツクボウシの声に変わると、晩夏《ばんか》である。日本に生息《せいそく》するセミは三十種余りとされるが、よく知られているように、セミは幼虫《ようちゅう》の時代が長く、成虫《せいちゅう》の寿命《じゅみょう》は十日内外ときわめて短命《たんめい》だ。

木の枝葉や果実に産《う》み付けられた卵は、孵化《ふか》すると地上に落下。地中にもぐって木の根から樹液《じゅえき》を吸い、成長する。幼虫は地中で生活するので、幼虫期間は不明のものが多いが、日本ではアブラゼミとミンミンゼミが約七年間幼虫でいることが確認されている。なお、北アメリカには十七年間も幼虫でいる種類がいるということだ。

人間の場合、胎児期《たいじき》は約二百八十日だが、果たして何歳まで生きられるのだろうか。今日広く認められているカリフォルニア大学サンフランシスコ校のレオナルド・ヘイフリック博士の学説《がくせつ》によると、体細胞《たいさいぼう》の分裂回数《ぶんれつかいすう》には限界があり、約六十回で細胞分裂をやめてしまう人間の場合、寿命は約百二十歳となるそうだ。

ちなみに、寿命三年のネズミの細胞分裂回数は約十五回で、寿命百七十五年のガラパゴスゾウガメの場合は約百二十五回なのだという。

教祖《おやさま》が「百十五歳定命《じょうみょう》」と教えられたのは驚くべきことである。

「このたすけ百十五才ぢよみよと　さだめつけたい神の一ぢよ」（おふでさき三号100）

# 親神様が敷かれたレール

立教163年8月27日号

久しぶりに宮崎県の日向灘沿岸《ひゅうがなだえんがん》を走る日豊本線《にっぽうほんせん》を利用した。ちょうど列車が日向灘に面したリニアモーターカー実験線と並行《へいこう》して進む時、ふと立ち上がって、先頭車両の運転席の斜《なな》め後《うし》ろから正面の景色《けしき》を眺《なが》めると、そこは別世界であった。

夏草の生《お》い茂《しげ》る軌道《きどう》を、二本のレールが一直線に伸びている。日豊本線は単線なのだ。突然、運転手が警笛《けいてき》を鳴らすと、やがて遮断機《しゃだんき》の閉じた踏切《ふみきり》を通り過ぎる。自動車のハンドルを握って運転する普段の我々とは、まったく逆の立場だ。

よく見ると、運転席の近くには地名の一覧表が掲《かか》げられている。どうやら踏切の場所らしい。運転手は、その表と信号機の色をいちいち指で確認し、速度を調整《ちょうせい》する。ハンドル操作《そうさ》は必要ないが、列車の運転は大変な仕事である。しかし、なかなか面白そうでもあった。

線路が大きくカーブして、スピードが落とされると、いきなり真っ暗なトンネルに飛び込んだ。高速道路のトンネルの中はけっこう明るいものだが、鉄道のトンネルの照明は極端《きょくたん》に暗くて少ないのだ。列車は急に止まれないから、もしもトンネル内に障害物《しょうがいぶつ》でもあれば、大事故につながるに違いない。祈るような気持ちでトンネルをくぐったのは初めての体験であった。

考えてみると、教祖《おやさま》から教えられたこの道を信じて通る信仰者は、親神様から敷《し》いていただいたレールの上を進むようなものかもしれない。人生の山《やま》坂《さか》もいばら道も、親神様のみ教えを守り、教祖のひながたの道を踏み行ってゆくことにより、間違いのない確かな生涯《しょうがい》をまっとうさせていただける。

「神の道は一条《ひとすじ》。世界の道は千筋《せんすじ》、神の道には先の分からんような事をせいとは言わん。ひながたの道が通れんような事ではどうもならん」（おさしづ　明治二一・一・七）

# 台風の力は眼で分かる

立教163年9月3日号

古来《こらい》、日本では立春《りっしゅん》から数えて二百十日目の九月一日ごろと、二百二十日目の九月十一日ごろが台風襲来《しゅうらい》の時期に当たることから、農家は厄日《やくび》として警戒《けいかい》してきた。

この時期、沖縄県をはじめ台風銀座の地域に住まわれる皆様は、心の休まる間もなかろうとお察《さっ》しいたします。

台風は、西太平洋上に発生《はっせい》してアジア大陸、フィリピン、日本列島などを襲《おそ》う最大風速毎秒一七・二メートル以上の熱帯低気圧だ。たとえば風速一五メートル以上の暴風圏で半径が五〇〇〜八〇〇キロメートルあり、最大風速が毎秒四四〜五四メートルなら「大型の非常に強い台風」と、その規模《きぼ》と最大風速で表される。しかし、どの台風も招《まね》かれざる客であることに変わりはない。

世界各地の熱帯低気圧には、インド洋に発生しベンガル湾沿岸《わんえんがん》などを襲う「サイクロン」、大西洋西部のカリブ海などで発生し北米東岸部を襲う「ハリケーン」などがある。さらに、吹き荒れる強風には、童話「オズの魔法使い」のドロシー嬢をカンザスから「マンチキン人の国」へ吹き飛ばした大規模な竜巻《たつまき》「トルネード」などがあるが、いずれも渦巻《うずま》き型をしている。

台風の場合、直径が数百キロメートルに及ぶ反時計回りの巨大な渦巻きで、その中心部では雲が切れて青空が見える。これが「台風の眼《め》」である。先日、テレビの台風情報でアナウンサーが「この台風は眼がハッキリとしているので、非常に元気です」と報じていた。台風も人間と同じなのだ。

親神様の守護の理の説きわけで「くにとこたちのみこと　人間身《み》の内《うち》の眼うるおい、世界では水の守護の理」(『天理教教典』第四章)と教えられるが、人間の心の状態は、すぐ眼に表れる。どんよりした空《うつ》ろな眼でいるより、いつも生き生きと輝《かがや》いた瞳《ひとみ》でいたいものである。

# アリとキリギリス

立教163年9月10日号

蛸壺《たこつぼ》やはかなき夢を夏の月　（芭蕉《ばしょう》）

今年の夏も終わりである。明石《あかし》の浦《うら》の蛸壺で一夜《ひとよ》の夢を結んでいたタコは、次の日には漁師に捕《と》らえられ、もはや名月を見ることはない。秋は、そこはかとなく物悲しい季節である。

日中の猛暑《もうしょ》と熱帯夜《ねったいや》に苛《さいな》まれる日々に耐《た》えて、ようやく朝夕の涼《すず》しさを感じるようになると、それはありがたいことなのだけれども、一抹《いちまつ》の寂《さび》しさが残るのはなぜだろうか。それは春夏秋冬の中で、生命の最も活発に躍動《やくどう》すべき季節が夏だからなのかもしれない。

「きりぎりすは、たべる　ものが　ないので　おなかを　すかして　ありたちの　ところへ　やって　きました。『ありさん、おねがいです。たべものを　わけて　ください。おなかが　すいて　しにそうなんです』

すると、ありたちは　いいました。『きりぎりすさん、あなたは　ばいおりんばかり　ひいて　あそんで　いたから　いけないのよ。わたしたちは、あつい　なつの　あいだも、せっせと　たべものを　あつめて、ふゆの　じゅんびを　していたんですよ』『ああ、ぼくも　そう　すれば　よかったな……』」（講談社『幼稚園百科』）。イソップは真夏《まなつ》の太陽の下で黙々《もくもく》とエサを運ぶアリに、人間本来の生き方を見たのだろうか。

働きアリが働くのは、自分だけのためではない。女王アリのため、仲間のアリたちのため、やがて生まれてくる子アリたちのために、せっせと巣にエサを運ぶのだ。みんなが力を合わせて、みんなの幸せのために、精《せい》いっぱいの力を出し切って働くからこそ、爽《さわ》やかな秋から、暖《あたた》かな冬を迎えることができる。

教祖《おやさま》は「働くというのは、はたはたの者を楽にするから、はたらく（註・側楽《はたらく》）と言うのや」（教祖伝逸話篇一九七）と仰《おお》せられた。

# 虫の声は左脳で聞く？

立教163年9月17日号

日本人は昔から秋に鳴く虫の音《ね》を愛《め》で、和歌や俳句にも詠《よ》んでいる。「虫」は秋の季語《きご》とあって、秋鳴く虫の種類は多い。「チロロ」と鳴くコオロギ、「リーン・リーン・チリリリ」はマツムシ、「リーン・リーン」はスズムシ、「ギース・チョン」はキリギリス、「スイッチョン」はウマオイだ。「ガチャ・ガチャ」と騒《さわ》がしいクツワムシは、あまり好まれない。

中でも鳴《な》き声《ごえ》の美しいスズムシの愛好家の中には、籠《かご》に飼《か》って音色《ねいろ》を楽しむ人が少なくないが、どういうわけか西洋にはこうした風習はないらしい。それは風流《ふうりゅう》を解《かい》さないのではなく、虫の鳴き声は雑音《ざつおん》にしか聞こえないからだという。

『日本人の脳』を著《あらわ》した角田《つのだ》忠信《ただのぶ》氏の説によると、左脳《さのう》は言語脳で計算や論《ろん》

理的《りてき》判断にすぐれ、右脳《うのう》は音楽脳で直感的判断にすぐれているとされる。そして、日本人は虫の声をメッセージとして左脳で聞くが、西洋人は右脳で聞くので、これを雑音として処理してしまう、というのだ。どうも分かったような分からないような話だが、一般的に広く信じられている仮説《かせつ》だという。

右脳・左脳の分析《ぶんせき》はともかく、同じ人間であるのに、人種の違いからか、住まいする土地の生活習慣の違いによるのか、同じ虫の音を聞いても、その感じ方が大きく異なるというのは不思議。異文化間《いぶんかかん》の相互《そうご》理解が必要とされるわけである。

私たちは異国《いこく》の人々の心情《しんじょう》を知る必要があるが、それ以上に、親神様《おや》・教祖《さま》の御心を拝察《はいさつ》せねばなるまい。お言葉に「どれだけの事したとて、理に中《あた》らねばこうのうとは言わん」(おさしづ　明治二五・七・一)と、また「世界の人が皆、真《ま》っ直《す》ぐやと思《おも》うている事でも、天の定規《じょうぎ》にあてたら、皆、狂いがありますのやで」(教祖伝逸話篇三一)と教えていただく。

# 彼岸の供養と天理教の霊祭

立教163年9月24日号

「暑さ寒さも彼岸《ひがん》まで」で、今年の残暑《ざんしょ》もやわらいできた。

ちなみに、この場合の彼岸とは、春分《しゅんぶん》の日と秋分《しゅうぶん》の日を中日《ちゅうにち》とした前後七日間のこと。この間に、仏事《ぶつじ》の追善供養《ついぜんくよう》などが行われてきたが、日本独特の風習だ。

ところで、なぜこの時期を彼岸というのだろうか。浄土教《じょうどきょう》では、迷いのこの世界が此岸《しがん》で、極楽浄土《ごくらくじょうど》が彼岸。その浄土は西方《さいほう》十万億土《おくど》にあるとされる。そして、春分と秋分のころには太陽が真西《まにし》に沈《しず》むことから、平安初期の朝廷《ちょうてい》で、この時期に仏事が行われ、江戸時代に庶民《しょみん》の年中行事《ねんじゅうぎょうじ》となったものらしい。

一方、春分と秋分は、天球上《てんきゅうじょう》を太陽が運行《うんこう》する黄道《こうどう》と天球上の赤道《せきどう》が交《まじ》わる点（分点《ぶんてん》）を、太陽が通過《つうか》する瞬間《しゅんかん》を含《ふく》む日のことで、こちらは非常に科学的。つまり、彼岸というよりは、秋分が近づくと残暑《ざんしょ》が終わるのだ。

天理教の春秋の霊祭《れいさい》は、彼岸の追善供養とは趣《おもむき》が異《こと》なる。

天理教では、死ぬことは「出直《でなお》し」であり、古くなった肉体を親神様にお返しし、また新しい着物をお借りしてこの世に生まれ更《か》わってくると教えられる。したがって天理教の霊祭は、祖霊殿《それいでん》にお祀《まつ》りされている霊様方《みたまさまがた》の遺徳《いとく》を偲《しの》び、子孫の成人した姿をご覧《らん》いただき、さらに霊様にご安心いただける通り方をお誓《ちか》いするものと存じている。

教祖《おやさま》お姿おかくし後のおさしづでは「身はかくすが、たましひ（魂《たましい》）は此《こ》の屋敷に留《とど》まって生前同様《せいぜんどうよう》、萬《よろず》助けをする。此の身体《からだ》は丁度身《ちょうどみ》につけてある衣服《いふく》の様《よう》なもの、古くなったから脱《ぬ》ぎすてたまでの事、捨《す》てた衣服には何の理もないのだから、何処《どこ》へすて丶もよい」（中山正善著『ひとことはなしその二』）と仰せられ、お墓を建て、墓参《ぼさん》することは、残された人々の追慕《ついぼ》の情《じょう》におまかせになった。

# シドニー・オリンピックの世界

立教163年10月1日号

九月十五日にオーストラリアのシドニーで開幕した、第二十七回オリンピック競技会も終盤《しゅうばん》を迎えた。

これは、十七日間の期間中に、百九十九の国・地域と東チモールから集まった約一万一千人もの選手たちが、スポーツを通して世界最高の技量《ぎりょう》を競《きそ》う平和の祭典だ。

開幕の日の夕刻《ゆうこく》、テレビのスイッチを入れると、選手の入場が始まる直前《ちょくぜん》だった。なんでも予定より一時間近く遅《おく》れているらしい。かつて訪《おとず》れたアフリカの人から「なぜ日本人は、それほど時間にこだわるのか？　時間は死ぬまであるのに」と言われた。やはり、オーストラリアも大陸なのだ。おかげで、五輪スタジアムでの開会式を、最初から最後まで見ることができた。

十一万人の観衆《かんしゅう》の中で繰《く》り広《ひろ》げられたビッグショーのテーマは、火と水と風と人、だろう。聖火リレーの最終ランナーは、オーストラリア先住民《せんじゅうみん》アボリジニーのキャシー・フリーマンさん。彼女が巨大な水盤《すいばん》の中に立ち、水の中に火を点《とも》す。大勢の人々の手で大選手団を包《つつ》み込《こ》んだ白布《はくふ》は、風か。

　人と自然が調和《ちょうわ》し、多くの人々が協働《きょうどう》することによって、豊かで実りある未来が開ける。人種、言語、政治、思想の壁を超えて、世界中のアスリートたちが笑顔で集《つど》った開会式を見ながら、親神様・教祖《おやさま》が望まれた世界を垣間《かいま》見たように思った。大韓民国と朝鮮民主主義人民共和国の選手団は、統一旗《とういつき》のもと、人類共通の理想に向かい、手をつないで入場行進した。

「せかいぢういちれつわみなきよたいや　たにんとゆうわさらにないぞや」

「このもとをしりたるものハないのでな　それが月日のざねんばかりや」

「高山《たかやま》にくらしているもたにそこに　くらしているもをなし（同じ）たまひい（魂）」（おふでさき　十三号43～45）

# クリは塩ゆでにかぎる

立教163年10月8日号

万葉歌人の山上憶良《やまのうえのおくら》は「瓜《うり》はめば子ども思ほゆ栗《くり》はめばまして偲《しぬ》はゆ」と詠《よ》んだ。塩《しお》ゆでしたクリの実を、注意深く皮と渋皮《しぶかわ》をむいて食すもよし、半分に切ってスプーンでこそげるもよし。クリはなんとなく子どものころが懐《なつ》かしくなる果実《かじつ》である。

小粒《こつぶ》で皮のむきやすい中国原産のチュウゴクグリを、小石まじりの砂に糖分を入れ、撹拌《かくはん》しながら焼いた天津甘栗《てんしんあまぐり》は美味《びみ》だが、いつでも食べられるだけに季節感《きせつかん》がない。

フランスの高級菓子・マロングラッセは、大粒《おおつぶ》のクリを柔《やわ》らかくなるまでゆでて渋皮をむき、シロップに漬《つ》けて、砂糖の量を加減しながら数日間おいたのち乾燥《かんそう》させたものらしいが、いかにも甘すぎる。やはり、クリは塩ゆでにかぎると思う。

クリは実を結《むす》ぶと、とげのある皮の中で育つが、これが毬栗《いがぐり》。毬栗がはじけて実がのぞくのが笑栗《えみぐり》。木から落ちた落栗《おちぐり》を拾《ひろ》うのが栗拾いだ。子どものころに、まだ青々《あおあお》とした毬栗が落ちているのを見つけ、小枝の先でこじ開けるのに難儀《なんぎ》した記憶《きおく》がある。痛い目をしてやっと取り出した三粒のクリは、とても食べられる代物《しろもの》でなかった。

今年も大量の丹波《たんば》グリを頂戴《ちょうだい》し、さっそく秋の風味《ふうみ》を味わうことができたが、クリの収穫《しゅうかく》はどのようにされるのだろうか。高いクリの木から実を落とし、堅《かた》いイガをはずして出荷《しゅっか》する苦労がしのばれる。食卓《しょくたく》で皮と渋皮をとるのも手間《てま》だが、それだけに格別《かくべつ》の味となるのだろう。

「栗はイガの剛《こわ》いものである。そのイガをとれば、中に皮があり、又《また》、渋《しぶ》がある。その皮なり渋をとれば、まことに味のよい実が出て来るで。人間も、理を聞いて、イガや渋をとったら、心にうまい味わいを持つようになるのやで」(教祖伝逸話篇七七)

# 爽やかなオリンピック選手たち

立教163年10月15日号

シドニーオリンピックで活躍《かつやく》した天理大柔道部OBの篠原信一《しのはらしんいち》選手と野村《のむら》忠宏《ただひろ》選手が、九月二十六日におぢば帰りして、天理柔道会長の前真柱様《ぜんしんばしら》に五輪の結果を報告。前真柱様は二人の健闘《けんとう》をねぎらわれた。

野村選手の柔道男子六〇キロ級初のオリンピック連覇《れんぱ》は、誰もなし得なかった文句なしの快挙《かいきょ》だ。一方、一〇〇キロ超級で、審判員《しんぱんいん》が高度な技《わざ》である「内《うち》またすかし」を見落《みお》とすというミスジャッジの結果、惜しくも銀メダルに終わった篠原選手の「弱いから負けた。それだけです。ドイエはやっぱり強かった。誤審《ごしん》? 不満はありません」という、いさぎよい態度も素晴《すば》らしかった。日本国中に感動をもたらした二人の姿は、いずれも柔道というスポーツを通し、心身《しんしん》ともに自《みずか》らを鍛《きた》え上げた結果だろう。

このたびのオリンピックでは、女子マラソンの高橋尚子《たかはしなおこ》選手が二時間二三分一四秒の五輪最高記録で優勝した。日本女子陸上初の金メダルを獲得《かくとく》した彼女は、レース直後に疲《つか》れも見せず、「すごく楽しい四二キロでした。うれしい気持ちで走れた。沿道《えんどう》の声援《せいえん》が背中《せなか》を押してくれました」と余裕《よゆう》のコメント。驚かされたのは筆者だけではあるまい。

マラソンはギリシアの勇士《ゆうし》が戦場《せんじょう》マラトンからアテナイまで走り、戦勝《せんしょう》を報じて死んだという故事《こじ》に因《ちな》む競技で、四二・一九五キロメートルを走る。この人間の限界《げんかい》に挑《いど》む過酷《かこく》なレースも、心ひとつで楽しく走れることが証明されたわけだ。

教祖《おやさま》は「どんな辛《つら》い事や嫌《いや》な事でも、結構《けっこう》と思うてすれば、天に届《とど》く理、神様受け取り下さる理は、結構に変えて下さる。なれども、えらい仕事、しんどい仕事をなんぼしても、ああ辛《つら》いなあ、ああ嫌《いや》やなあ、と、不足《ふそく》々々でしては、天に届く理は不足になるのやで」（教祖伝逸話篇一四四）と教えられた。

# パレスチナの憎悪と殺りく

立教163年10月22日号

十月十二日午前、エルサレム北方のパレスチナ自治区《じちく》ラマラで、二人のイスラエル兵が民衆のリンチにより殺害された。

同日午後、イスラエル軍はその報復《ほうふく》として、ヨルダン川西岸地区と地中海《ちちゅうかい》沿岸《えんがん》の都市・ガザの、パレスチナ自治政府の主要建物をミサイル攻撃した。一連のイスラエルとパレスチナの衝突《しょうとつ》から国際的な調停《ちょうてい》が進む中での、悲しむべき出来事である。

パレスチナ問題は、第一次大戦中にパレスチナを委任統治《いにんとうち》していたイギリスがとった、アラブ人とユダヤ人に、それぞれ同地における建国を約束するという矛盾《むじゅん》した政策《せいさく》に遠因《えんいん》がある。

第二次大戦後、一九四八年のイスラエル共和国建国以来、四次にわたる中《ちゅう》東《とう》戦争をはじめとする武力抗争《ぶりょくこうそう》と、度々《たびたび》の和平交渉《わへいこうしょう》が繰《く》り返《かえ》された。ようやく、中東和平プロセスによるパレスチナ自治政府が樹立《じゅりつ》されたが、積年《せきねん》の憎《ぞう》悪《お》はいかんともしがたいのだろうか。

浄土宗《じょうどしゅう》の開祖《かいそ》・法然《ほうねん》が九歳のとき、父親の時国《ときくに》が悪人に殺された。その臨《りん》終《じゅう》に、父から「お前は決して仇討《あだう》ちしてはならぬ。遁世《とんせい》して菩提《ぼだい》を弔《とむら》うがよい」と遺言《ゆいごん》された法然は、出家《しゅっけ》して比叡山《ひえいざん》に入ったという。仇討ちは、憎悪と殺《さつ》りくの際限《さいげん》ない悪循環《あくじゅんかん》を意味する。法然の父は偉《えら》かったと思う。

教祖《おやさま》は、おふでさき十三号43から47のおうたで、大意「世界中の人間は兄弟であり他人というものはいない。この真実を知っているものがいないのが残念である。高山《たかやま》に暮らす者も、谷底に暮らす者も同じ魂《たましい》なのに、人間は何か差別があるように思っている」と教え、続いて、十三号48・49に、

「月日にハこのしんぢつをせかいぢうへ　どふぞしいかりしよちさしたい」

「これさいかたしかにしよちしたならば　むほんのねへわきれてしまうに」

と記《しる》された。

# 北海道の冬支度

立教163年10月29日号

秋深き隣《となり》は何をする人ぞ（芭蕉《ばしょう》）

ひと雨ごとに、美しい紅葉《もみじ》の装《よそお》いも色あせて、降《ふ》り積《つ》もる落ち葉となり、朝夕の水の冷たさに驚かされる。

今年も晩秋《ばんしゅう》のおとずれ、冬支度《ふゆじたく》の季節である。来《きた》るべき冬に備えて、布団《ふとん》を入れ替え、冬服を出し、障子《しょうじ》の破れをつくろい、暖房器具を整える。真冬《まふゆ》でも、しっかり着込《きこ》んで、足もとさえ暖《あたた》かくしていれば過ごせる地方の冬支度は割り合い簡単だ。しかし、雪国や寒冷地《かんれいち》に住む人々にとって、冬に備えることは生命に関わる重大事《じゅうだいじ》のようである。

以前に北海道の会長さんから聞いた話。ひと昔前《むかし》、秋には薪《たきぎ》にする木を山から伐《き》ってきて割り、神殿の軒下《のきした》までぎっしりと積み上げた。これが、ひと冬の間の燃料となった。今では石油ストーブだが、高額の燃料費が要《い》る。雪と氷に閉《と》ざされる間の食料も確保しなくてはならない。参拝に来る信者さんのため、道路から神殿までの雪かきは毎日欠かせない。「関西の会長さん方がうらやましい」と言われた。

生まれてこのかた、そんな苦労をしたこともない者には、なるほどそんなものか、とは思っても、実感として分からない。体験がないというのは、そういうことだ。教祖《おやさま》が人間生活のお手本として残してくださった「ひながたの道」も、私たちに、その万分《まんぶん》の一でも通らせていただこうという気持ちがなければ、絵に描《か》いた餅《もち》になってしまうだろう。

教祖は、長らく赤貧《せきひん》の生活の中で人だすけにお励《はげ》みくだされた。

「話を楽しませ〳〵、長い道中連れて通りて、三十年来寒《さ》ぶい晩《ばん》にあたるものも無かった。あちらの枝を折りくべ、こちらの葉を取り寄せ、通り越して来た。神の話に嘘《うそ》は有ろまい。さあ〳〵あちらが出て来る、こちらが出て来る」（おさしづ　明治二九・三・三一）

# 樋口清之先生の思い出

立教163年11月5日号

オーストラリア・シドニーのパラリンピックは、十月二十九日に十二日間の全日程を終了。さまざまな身体的障害《しょうがい》を持ちながら、素晴らしい記録を樹《じゅ》立《りっ》してゆくアスリートたちの、気力《きりょく》と体力《たいりょく》に圧倒《あっとう》された。彼らのあのエネルギーと明るさと精神力は、どこから生まれてくるのだろうか。

体に障害を持つことは、社会生活のいろいろな面でハンディキャップ（不利な条件）を課《か》せられることであるが、ものの考え方や暮らし方、つまり心の持ち方ひとつで生き生きとした人生を送ることができることを、彼らが証明しているように感じた。

二十年以上も前のこと、親里《おやさと》の青年会総会記念行事にお迎えした国学院《こくがくいん》大学名誉教授の故・樋口清之《ひぐちきよゆき》先生は、『梅干《うめぼし》と日本刀』など二百冊以上の著書《ちょしょ》をものされた日本史の碩学《せきがく》で、筆者もファンの一人だった。

控《ひか》え室《しつ》でお目にかかった先生は、異常《いじょう》に分厚《ぶあつ》いレンズの眼鏡《めがね》をしておられたので、お尋《たず》ねすると、「私は子どものころから極端《きょくたん》な近視《きんし》でしたが、私が歴史学者になれたのは、この目のお陰《かげ》なのです」と言われた。

同じ一冊の本を読むにも、同級生の二倍も三倍もの時間がかかる。そこで、読んだ本の内容は忘れぬように努力した結果、日本有数《ゆうすう》の歴史学者になることができたとのことであった。

年来《ねんらい》の足の悩みをご守護いただいた山本《やまもと》いささんが、手のふるえのおたすけを願うと、教祖《おやさま》は「あんたは、足を救《たす》けて頂いたのやから、手の少しふるえるぐらいは、何も差《さ》し支《つか》えはしない。すっきり救けてもらうよりは、少しぐらい残っている方が、前生《ぜんしょう》のいんねんもよく悟《さと》れるし、いつまでも忘れなくて、それが本当のたすかりやで。人、皆、すっきり救かる事ばかり願うが、真実《しんじつ》救かる理が大事《だいじ》やで」（教祖伝逸話篇一四七）と仰《おお》せられた。

# 柿は懐かしい果実

立教163年11月12日号

柿食《かきく》へば鐘《かね》が鳴るなり法隆寺《ほうりゅうじ》（子規《しき》）

肺結核《はいけっかく》を病《や》み、三十五歳で生涯《しょうがい》を閉《と》じた俳人《はいじん》・正岡子規《まさおかしき》も、秋の一日を大和路《やまとじ》に遊んだのだろう。大和は柿の名産地である。

柿の英語訳はジャパニーズ・パーシモン（persimmon）らしいが、柿は日本の果実《かじつ》であって、海外で食べごろの甘柿《あまがき》を手に入れることは不可能のようだ。甘柿《あまがき》の代表的な品種《ひんしゅ》は「富有《ふゆう》」「次郎」「御所《ごしょ》」で、渋柿《しぶがき》は焼酎《しょうちゅう》などを全体に噴霧《ふんむ》し密閉《みっぺい》して渋抜《しぶぬ》きをするか、干柿《ほしがき》にしないと食べられない。

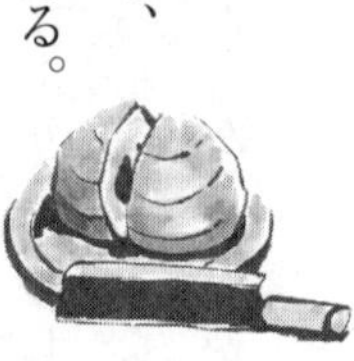

高校生のころ、大量《たいりょう》に採《と》ってきたのが渋柿だったので、捨てるのも勿体《もったい》ないと皮をむいて吊《つる》し柿《がき》にした。表面にシワが寄り、それらしい色になったので食べてみると、まだ渋《しぶ》い。友人がやってくるたびに、どれどれと言って、

まだ渋いのを食べてゆく。甘い干柿になる前に、一つも無くなってしまった。

道友社の記者をしていたころ、今の道友社長の尊父《そんぷ》である上田嘉成《うえだよしなる》先生のお宅へお話をうかがいに行った。先生は食堂におられ、器用《きよう》な手つきで柿をむいては、食べろと言って差し出される。お宅の庭に大きな柿の木があり、実がたわわに実《みの》っているので、「これはお庭の柿ですか」とたずねると、しばらく黙《だま》って長考《ちょうこう》された後で、「それは、わからん」。

天理教学の泰斗《たいと》の一面を拝した思いがした。

『稿本天理教教祖伝逸話篇《いつわへん》』には、おぢば帰りした土佐卯之助《とさうのすけ》氏に、教祖《おやさま》がお手ずからおむきになった柿を二つに割って、半分を下さり、半分をご自分でお食べになり、さらに、宿で待っている信者にと両手と両袂《りょうたもと》にいっぱいの柿を下《くだ》された話（一五〇）。桝井《ますい》おさめさんが教祖の御前《おんまえ》に出たとき、教祖がお盆《ぼん》に盛《も》られた柿の中から一番悪いのをお選びになり、残りを下された話（一六〇）などがある。柿は、そこはかとなく懐《なつ》かしい果実である。

# 「紅葉」と「黄葉」

立教163年11月19日号

ちはやぶる神代《かみよ》も聞かず竜田川《たつたがわ》からくれなゐ《い》に水くくるとは（業平《なりひら》）。これは遊女《ゆうじょ》・ちはやと力士《りきし》・竜田川の悲恋《ひれん》の歌でなく、竜田川の水を紅葉《もみじ》が韓紅《からくれない》（深紅《しんく》）にくくり染《ぞ》めにするのは神代の昔から聞いたこともない不思議さである、ほどの意味。

山々の木々が赤や黄に装《よそお》いを変えるのは、言葉に尽くせぬほどに美しい。本来「もみじ」は、木や草の葉が色を変える様子《ようす》をいう言葉だそうだが、今日ではカエデの代名詞。しかも、赤く変色する「紅葉」も、黄色に変色する「黄葉」も、音読《おんよ》みは「こうよう」、訓読《くんよ》みは「もみじ」で同じだから、ややこしい。しかし、気温の低下により色素《しきそ》・アントシアンが増え、葉緑素《ようりょくそ》が分解されるのが紅葉で、葉緑素が分解され色素・カロチノイドが残るのが黄葉であるところが異《こと》なる。これでは、ますますややこしい？

教祖《おやさま》百年祭の年の十月から十二月まで、修養科の組担任《くみたんにん》をつとめた。十一月に入ると、午後のひのきしんは毎日のように、北大路《きたおおじ》ではナンキンハゼ、親里大路《おやさとおおじ》ではイチョウの落《お》ち葉《ば》清掃だった。歩道一面に散《ち》り敷《し》かれている落ち葉を箒《ほうき》でかき集めると、麻袋《あさぶくろ》はすぐいっぱいになる。一時間ほど作業して出発地点まで戻《もど》ると、早くも新しい落ち葉がたくさん落ちていた。

落ち葉と悪戦苦闘《あくせんくとう》した日々も、十二月に入ると木々の葉が残り少なくなる。修養科生が不安げに「落ち葉が無くなると、ひのきしんはどうしますか?」とたずねるので、「ひのきしんする場所はいくらでもあるさ」と笑ったが、当時を振り返る時、落ち葉清掃以外のひのきしんはあまり記憶《きおく》に残っていないのは実に不思議である。

「にち〳〵に心つくしたものだねを　神がたしかにうけとりている」

「しんぢつに神のうけとるものだねわ　いつになりてもくさるめわなし」

（おふでさき　号外）

# 小春日和と教祖の温み

立教163年11月26日号

玉《たま》の如《ごと》き小春日和《こはるびより》を授《さず》かりし（松本たかし）

小春《こはる》とは陰暦《いんれき》十月の別名で、ほぼ陽暦《ようれき》の十一月に当たる。この季節には冷たい木枯《こが》らしが吹き、時雨《しぐれ》が降《ふ》りつのり、初霜《はつしも》を見る。古来《こらい》、初冬《しょとう》の「秋霜《しゅうそう》」と真夏《まなつ》の「烈日《れつじつ》」は厳《きび》しさの代名詞だが、このころ時として、春を思わせるような暖《あたた》かな日差《ひざ》しに満ちた一日に恵《めぐ》まれることがある。

ところで、実際の気温と、風速《ふうそく》、湿度《しつど》、日射《にっしゃ》、季節などの影響《えいきょう》をうける人間の体感温度《たいかんおんど》には差があって、月別《つきべつ》平均気温では春三月より十一月の方が暖かいのだ。ちなみに理科年表によると、奈良の三月の平均気温は六・七℃で、十一月は一〇・五℃。つまり四℃近くも違うのである。にもかかわらず、十一月を寒く、三月を暖かくイメージするのは、その季節感《きせつかん》によるのだろう。

中国古来の陰陽五行説《いんようごぎょうせつ》では、白秋《はくしゅう》→玄《げん》（黒）冬《とう》→青春《せいしゅん》→朱夏《しゅか》と、季節に色をつけた。爽《さわ》やかな実《みの》りの秋から、暗く冷たい冬に向かうより、穏《おだ》やかな春の訪《おとず》れを待ち望むのが人情かもしれない。しかし、寒くてつらい季節であればこそ、親神様のみ恵みが心にしみることもある。移りゆく四季《しき》折々《おりおり》のご守護に感謝しつつ、この冬も元気で過ごしたいものである。

明治十二年、大阪府大鳥郡《おおとりぐん》上神谷村《にわだにむら》の抽冬鶴松《ぬくとうつるまつ》氏は、十六歳にして胃病が昂《こう》じて危篤《きとく》状態となった。両親に付《つ》き添《そ》われ、戸板《といた》に乗せてもらって初めておぢば帰りをし、教祖《おやさま》にお目通《めどお》りさせていただくと、教祖は「かわいそうに」と、仰《おお》せになり、お召《め》しになっていた赤の肌襦袢《はだじゅばん》を脱いで、頭から着せて下《くだ》された。教祖の温《ぬく》みを身に感じると同時に、夜の明けたような心地《ここち》がして、さしもの難病《なんびょう》もやがて全快《ぜんかい》した。鶴松氏は一生「今も尚《なお》、その温みが忘れられない」と口癖《くちぐせ》のように語った。（教祖伝逸話篇六七）

# 明治五年の改暦の詔勅

立教163年12月3日号

早いもので今年も師走《しわす》の月を迎えた。本来、師走は旧暦《きゅうれき》十二月のことだが、とにかくあわただしい月である。

旧暦（太陰暦《たいいんれき》）は月の満《み》ち欠《か》けの周期《しゅうき》を暦《こよみ》に採り入れたもの。電気の光がなかった時代は月の明かりが頼りで、月は潮《しお》の干満《かんまん》も支配するから、長らく太陰暦が用いられてきたのは自然だ。

しかし、特に農業では季節の変化を知ることが大切なので、日本では季節と月の名称《めいしょう》があまりズレないように、太陰太陽暦《たいいんたいようれき》が用《もち》いられていた。つまり、太陽暦の一年の長さは約三百六十五日で、月の満ち欠けの周期は約二十九・五日だから十二カ月では約三百五十四日となり、一年で十一日足《た》りない。そこで、約三年に一度（実際は十九年に七度）は閏月《うるうづき》を加えて修正《しゅうせい》していた。

ところが明治五年十一月九日、明治政府は突然《とつぜん》「来《きた》る十二月三日をもって明治六年一月一日にする」との改暦《かいれき》の詔勅《しょうちょく》を発した。つまり明治五年の十二月は二日間しかなかったわけで、一番困ったのは暦業者《こよみぎょうしゃ》。一方《いっぽう》、一番得《とく》をしたのは当時財政《ざいせい》のピンチにあった明治政府だ。明治六年は、旧暦では閏月が入り十三カ月あったのを、改暦をするだけで十二カ月分の給料を用意すればよかったし、明治五年の十二月分の給料は払《はら》わずに済《す》んだから、都合《つごう》二カ月分の給料を浮かしたことになる。一年の総決算《そうけっさん》の月をカットされた庶民《しょみん》は困《こん》惑《わく》しただろうが、借金返済《しゃっきんへんさい》の言《い》い訳《わけ》にはなったかもしれない。

清水与之助《しみずよのすけ》、梅谷四郎兵衛《うめたにしろべえ》、平野《ひらの》トラの三氏が、教祖《おやさま》の御前《おんまえ》に集まって、各自《かくじ》の講社《こうしゃ》が思うようにいかぬことを語《かた》り合っていると、教祖は「どんな花でもな、咲く年もあれば、咲かぬ年もあるで。一年咲かんでも、又《また》、年が変われば咲くで」と、お慰《なぐさ》め下された（教祖伝逸話篇一九八）。ご存命の教祖の親心にお応《こた》えするためにも、今年の有終《ゆうしゅう》の美を飾《かざ》らせていただこう。

# 大根の季節

立教163年12月10日号

流れゆく大根《だいこん》の葉の早さかな（虚子《きょし》）

大根を畑から引き抜いて、川の水で泥を洗い流す大根洗いは仲冬《ちゅうとう》の風物詩《ふうぶつし》だ。大根には一五キログラムにもなる桜島《さくらじま》大根から、最も小さな二十日《はつか》大根まで、練馬《ねりま》・守口《もりぐち》・宮重《みやしげ》・みの早生《わせ》・聖護院《しょうごいん》など種類が多いが、煮《に》ても漬《つ》けても、生《なま》でも、乾《かわ》かしても、酢《す》にしても食べられる、大変重宝《ちょうほう》な根菜《こんさい》である。

毎年、大根の採《と》り入れの季節になると、福井県内の教会から大量《たいりょう》の大根をお供《そな》えしてくださる。これは沢庵《たくあん》漬《づ》けにして、大教会と詰所の一年間の食卓《しょくたく》を飾《かざ》ることになるのだが、以前に一度、その大根が全滅《ぜんめつ》してしまったことがあったそうだ。

大根の種が芽生《めば》えて、ちょうどカイワレダイコンの状態になった時に、台風が襲来《しゅうらい》し、葉っぱの部分を吹き飛ばしてしまった。大風を受けた双葉《ふたば》がへリコプターの羽根《はね》のように回転し、柔《やわ》らかい茎《くき》がねじ切られてしまったのだという。大根作りにも、思わぬ苦労があるものだ。

大根の農作業では、土中《どちゅう》で大根が二〇センチほどになると間引《まび》きが行われる。これをしないと、立派《りっぱ》な大きな大根が育たないのだ。ならば、小さいうちに間引かれてしまった子どもの大根はどうなるのかというと、その教会では綺麗《きれい》に洗って、葉っぱまで糠漬《ぬかづ》けにする。しかも、これが美味《びみ》なのである。

親神様のご守護と人の真実の掛かったものの生命を、どこまでも生かして使うことが大切。野菜の生命をして然《しか》り、いわんや人間においてをや、であろう。

教祖《おやさま》は飯降《いぶり》よしゑさん（本席《ほんせき》様の長女）に、次のようにお聞かせくだされた。「人間の反故《ほうぐ》を、作らんようにしておくれ」「菜《な》の葉一枚でも、粗末《そまつ》にせぬように」「すたりもの身につくで。いやしいのと違う」（教祖伝逸話篇一一二）

# 日本人のクリスマス

立教163年12月17日号

十二月二十五日のクリスマスが近づくと、商店街や盛《さか》り場《ば》にはデコレーションが飾《かざ》られ、ジングルベルが鳴り響《ひび》く。クリスマスはキリスト教の開祖《かいそ》・イエスの降誕祭《こうたんさい》なのだが、日本では宗教とは無縁《むえん》の、年の暮れの年中行事《ねんじゅうぎょうじ》となっているようだ。

もっとも、クリスマスはキリスト教以前のゲルマン人の冬至祭《とうじさい》や、ローマで広く信仰されていたミトラス教の祭日などがキリスト教化されたものらしい。しかも、『新約聖書《しんやくせいしょ》』のルカの福音書《ふくいんしょ》には、キリスト誕生《たんじょう》の夜「羊飼《ひつじか》いたちが野宿《のじゅく》しながら羊の群《む》れの番をしていた」(二章八節)と記《しる》されている。

ベツレヘムの冬は霜《しも》が降《お》り雪が降《ふ》るから、イエスの誕生は冬ではないはずで、九九パーセント以上がキリスト教徒《きょうと》でない日本人がクリスマスを祝うのに目くじらを立てることもあるまい。むしろ、十二月二十二日ごろに昼が最も短い冬至《とうじ》となり、翌日から太陽のパワーが復活することの方がありがたい。

年《とし》の瀬《せ》は経済的な決算期でもある。つとめ場所の普請《ふしん》が大和《おやまと》神社の事件があって頓挫《とんざ》した元治元年の十二月二十六日、納《おさ》めのおつとめを済《す》ませて櫟本《いちのもと》村へ戻《もど》る飯降伊蔵《いぶりいぞう》先生は、秀司《しゅうじ》様が「お前が去《い》んで了《しま》うと、後《あと》は何《ど》うする事も出来ん」と仰せられると、「直《す》ぐ又引返《またひきかえ》して来ますから」と答えられた。

翌日お屋敷へ帰ってきた飯降先生は、材木屋《ざいもくや》と瓦屋《かわらや》へ行って支払《しはら》いの延期《えんき》を承知してもらい、この旨《むね》を報告すると、秀司様と小寒《こかん》様は安堵《あんど》されて「今は、三町余《ちょうあま》りの田地《でんじ》が、年切質《ねんぎりじち》に入れてあって儘《まま》にならぬが、近い中《うち》に返って来る。そしたら、田地の一、二段《たん》も売れば始末《しまつ》のつく事である。決して心配はかけぬ」と慰《なぐさ》められた。ほのぼのとした理の親と子の人間関係がうかがわれる。

もうすぐ二十一世紀が始まる。多くの人々が信じ合い、たすけ合う、明るい新世紀の幕開《まくあ》けであるようにと祈らずにはおられない。

# 平成十三年

# お節会の味は真心の味

立教164年1月14日号

お正月の三が日《にち》、おぢば帰りした人々の目を驚《おどろ》かすのは、神殿の四隅《よすみ》にうずたかく積み上げられた鏡餅《かがみもち》だ。これは前年の暮れに各地の教会からお供《そな》えされたものだが、ちなみに今年のご本部の鏡餅は二二四石《こく》七斗《と》二升。これが四日の鏡開《かがみびら》きで切り餅にされ、五日から七日まで三日間のお節《せち》会で十万七千人の参拝者に振《ふ》る舞《ま》われた。

『稿本天理教教祖伝』によると、正月元旦に親神様にお供えした鏡餅を参拝した人々が揃《そろ》っていただくことは以前から行われていたが、明治七年にはお供えの鏡餅が七、八斗にもなった。この行事はお節会と呼ばれ、年が経《た》つにつれて盛《さか》んになったと記《しる》されている。お節会は百二十数年以前から続いている伝統行事なのだ。

お節会の雑煮《ぞうに》は、大勢のひのきしん者の手で焼かれた切り餅に、茹《ゆ》でたミ

ズナを乗せ、熱いすまし汁《じる》を注《そそ》いで食する。具《ぐ》はミズナだけの質素《しっそ》なものだが、そのおいしさは格別《かくべつ》である。その味には「おいしく召《め》し上《あ》がっていただきたい」という、数多くの人々の真心《まごころ》が込《こ》められているからだと思う。

餅の量だけでなく、ミズナも汁の量も膨大《ぼうだい》だ。汁はコンブとカツオと煮干《にぼ》しの煮出《にだ》し汁だが、少しも生臭《なまぐさ》くない。以前に煮干しの腹わた取りを手伝ったことがあるが、想像を絶する量に唖然《あぜん》としたことがある。こうした地道《じみち》な下ごしらえから、食器を整《ととの》え、餅やミズナや汁を運ぶ接待《せったい》、洗い場から誘導《ゆうどう》案内《あんない》に至《いた》るまで「一手《いって》一《ひと》つ」の働きがお節会を支《ささ》える。

教祖《おやさま》が教えてくださった一手一つは、何よりもおつとめの姿に現れる。

「一手一つに勇む心を受け取って、親神もまた勇まれ、神人和楽《しんじんわらく》の陽気がここに漲《みなぎ》る」(『天理教教典』第二章)

「とん〳〵とんと正月をどりはじめハ　やれおもしろい」(みかぐらうた　二下り目　1)

# 「寒のすのり」と「教祖のお茶碗」　立教164年1月21日号

暦《こよみ》の上では一月二十日ごろが「大寒《だいかん》」で、一年中で最も寒い時期とされる。ちなみに一月五日の小寒《しょうかん》から立春《りっしゅん》前の二月三日までが「寒中《かんちゅう》」なので、寒中見舞いはこの間にすればよい。

その昔、教祖《おやさま》がお住まいになっていた庄屋敷《しょやしき》村では、「寒《かん》のすのり」と夏のホタルが名物とされていたようだ。近年の親里《おやさと》では夏のホタルを見ることもなくなったが、「寒のすのり」とはどういうものか。おぢばを流れる小川の中をよく見ると、石の表面に緑色の藻類《そうるい》がゆれていることがある。中には数センチのものもあって、ミソ汁の具《ぐ》にはなりそうだ。これが「すのり」に違いないと勝手に思い込んでいるのだが、ご存じの方があれば教えていただきたい。

私たちが日常に食するノリの大部分は養殖《ようしょく》されたアサクサノリで、焼きノリや味付けノリになる。その養殖技術は日本特有《とくゆう》のものとされるが、ゴマ油と塩で味付けされた韓国ノリも美味《びみ》。いずれにしても、収穫《しゅうかく》は寒い時期に限られる。立春を過ぎるとアオサなどが付着《ふちゃく》して、品質がいちじるしく落ちてしまうのだ。

前出《ぜんしゅつ》の「すのり」は淡水産《たんすいさん》でも、やはり寒のうちに収穫されたのだろう。長年赤貧《せきひん》の生活をされた教祖や小寒《こかん》様は、お屋敷の門前《もんぜん》の小川から、かじかむお手で「すのり」を摘《つ》み取られたのかもしれない。

そして、教祖が食事をされたお茶碗《ちゃわん》については、「教祖のお使いになった茶碗の中には、欠《か》けたのを接《つ》いだのがあった。私は、茶碗を見た。模様《もよう》ものの普通の茶碗に、錦手《にしきで》の瀬戸物《せともの》で接いであった。これは、本部の宝や。これを見たら、後の者は贅沢《ぜいたく》出来ん。お皿でも、教祖のお使いになったものの中には、接いだものがあった」（教祖伝逸話篇一八一）という、梶本楢治郎《かじもとならじろう》氏（初代真柱様の弟）の懐旧談《かいきゅうだん》が残っている。

# 海の上空を走る列車

立教164年1月28日号

先日、四国・高松をJRのマリンライナーを利用して訪《おとず》れた。岡山駅で瀬《せ》戸《と》大橋線《おおはしせん》に乗り換え、児島《こじま》駅を過ぎた列車が短いトンネルを抜けると、そこは海の上空だった。この日は晴天で、瀬戸の島々の間に白い航跡《こうせき》を残して走る大小の船が車窓《しゃそう》から鮮《あざ》やかに見えた。『銀河鉄道の夜』の著者《ちょしゃ》・宮沢賢治《みやざわけんじ》がここに居《い》れば……などと空想《くうそう》しているうちに、列車は十分足《た》らずで海峡《かいきょう》を渡り、坂出《さかいで》の町に入った。

この世界最長の鉄道・道路併用橋《へいようきょう》が完成して、今年の四月で十三年になるという。本州四国連絡橋《れんらくきょう》はその後、明石《あかし》～鳴門《なると》ルートも尾道《おのみち》～今治《いまばり》ルートも完成していることは知っていたが、海面のはるか上を走る列車に乗ったのは初体験である。人類が積み重ねた科学技術のレベルの高さに、あらためて感《かん》嘆《たん》させられた。

その一方《いっぽう》で、最近のマスコミを賑《にぎ》わす事件には「人間の生命を何と思っているのか」と、いきどおりを感じるものが多すぎる。中でも、十六、七歳の少年少女が、単純な動機から殺人を犯す事件の続くことに、とまどいと恐怖心を禁じ得ないのは筆者だけではあるまい。

二十世紀は自然科学のめざましい進歩に比べて、物事の価値、人生の目的や意味について考える宗教《しゅうきょう》や哲学《てつがく》の分野《ぶんや》では、不毛《ふもう》の時代であったのではないか。人間も含《ふく》めた生物の遺伝子《いでんし》を人工的に操作《そうさ》・改変《かいへん》し、有用物質《ゆうようぶっしつ》の生産や生物現象《げんしょう》の解明《かいめい》を目指す遺伝子工学《こうがく》の進歩は、人生経験に乏《とぼ》しい多くの青少年を「生命はタンパク質の存在様式《そんざいようしき》にすぎない」とする唯物論者《ゆいぶつろんしゃ》にしてしまったのかもしれない。こうした時代にこそ、親神様直々《じきじき》のみ教えを、広い世界の人々に伝えてゆかねばなるまい。

「このよふのぢいと天とハぢつのをや　それよりでけたにんけんである」（おふでさき　十号54）

# 近ごろ世間に流行るもの

立教164年2月4日号

近《ちか》ごろ世間《せけん》に流行《はや》るもの。すぐキレる青少年の非行・暴力、果ては殺人。傍若無人《ぼうじゃくぶじん》の暴走族。親の児童虐待《ぎゃくたい》・子殺しに、子の親殺し。官界《かんかい》・財界人《ざいかいじん》は収賄《しゅうわい》・贈賄《ぞうわい》に公金横領《こうきんおうりょう》、医療関係者は毒物使用。サラ金地獄《きんじごく》にカード地獄、ギャンブル狂《ぐる》いが高《こう》じれば、保険金目当ての殺人。ポルノは氾濫《はんらん》、ストーカー犯罪と、学校教師の性犯罪は急増中《きゅうぞうちゅう》。シンナー・覚《かく》せい剤《ざい》・麻薬の中毒は後《あと》を絶《た》たず、有名人の離婚・不倫《ふりん》スキャンダルなどは当たり前。新たに、インターネットの電脳《でんのう》犯罪や、ピッキングも登場し、暴力バーのボッタクリが増えるようでは、おちおち巷《ちまた》でお酒も飲めない。

戦後五十数年間、日本は高度経済成長をなし遂《と》げ、確かに物質的に生活は豊かになった。その一方《いっぽう》で、何か大切なものを置き忘れてきたのではないか

と、考え込まずにはおれない現状だ。科学技術のめざましい進歩に比べ、精神面の立ち遅れは否《いな》めないからである。

かくして、昔を知る人々の中には「父母ニ孝《こう》ニ兄弟ニ友《ゆう》ニ夫婦相和《あいわ》シ朋友《ほうゆう》相信《あいしん》ジ恭倹《きょうけん》（人に対してうやうやしく、自分の行いは慎《つつし》み深く）己《おの》レヲ持《じ》シ博愛衆《はくあいしゅう》ニ及《およ》ボシ、学《がく》ヲ修《おさ》メ業《わざ》ヲ習《なら》ヒ以《もっ》テ智能《ちのう》ヲ啓発《けいはつ》シ徳器《とっき》（徳と才能）ヲ成《じょう》就《じゅ》シ、進《すすん》デ公益ヲ広メ世務《せいむ》（世の中の務め）ヲ開キ、云々《うんぬん》」という「教育勅《ちょく》語《ご》」の精神を復活させようとの意見もある。しかしこれは「皇国史観《こうこくしかん》」と儒《じゅ》教的道徳思想《きょうてきどうとくしそう》にもとづく「忠君愛国《ちゅうくんあいこく》」を基本として制定されたという出自《しゅつじ》ゆえに、今日の社会には受け入れられ難《がた》いことだろう。

「まさに今日ほど、世界が確《たし》かな拠《よ》り所《どころ》を必要としている時はない。今こそ人々に元なるをやを知らしめ、親心の真実と人間生活の目標を示し、慎《つつし》みとたすけ合いの精神を広めて、世の立て替えを図《はか》るべき時である」（諭達第一号）

## 「親神様」と称える理由

立教164年2月11日号

かれこれ二十年も以前のこと、青年会本部のご用《よう》で単身《たんしん》アメリカの伝道庁へ出向《しゅっこう》した。長時間飛行機に乗っての一人旅は不安なもので、隣《となり》の席に座るのはどんな人だろうかということさえ心配の種だ。さいわい二人掛けの窓側の席には、人の良さそうな中年の白人男性が座った。この人なら下手《へた》な英語で話してもよかろうと思い、ショルダーバックから英語の「にをいがけ用パンフレット」を取り出した。

私が信仰する神様は、この世と人間を創造《そうぞう》された神様であることを話すと、その男性は「私もその神様を信仰している」と言って、握手を求めてきた。なんという偶然《ぐうぜん》かと思いながら「あなたは天理教ですか」と尋《たず》ねると、「クリスチャンだ」という。「それなら同じ神様とは違いますよ」とただすと、「お前さんは妙《みょう》なことを言う。この世界は一つだし、人間も一種類しかいない。その世界と人間をお創《つく》りになった神様はお一方《ひとかた》しかいないだろう。だから同じ神様を信仰しているのだ」と反論《はんろん》されて、答えに窮《きゅう》してしまった。

ああ、なんたる勉強不足であったことか。帰国してから、日本人の信仰者こそ少数だが、西欧諸国はじめ世界各国に広まっている世界宗教・キリスト教についての本を読みあさった。そこでようやく気が付いたことは、天理教では、神様の前に「親」の字を冠《かん》して「親神様」と称《とな》えていることだった。

つまり、親神様は人間を陽気ぐらしへ導いてくださる真実の親なる神様である一方、キリスト教で説かれる神様は人間の創造主《そうぞうしゅ》であっても、決して「親心」を持った神様でなく、最後の審判《しんぱん》の時には天国行きと地獄行きを決定するような、ある意味では裁判官《さいばんかん》のような神様だということであった。

「月日にわにんけんはじめかけたのわ　よふきゆさんがみたいゆへから」

「にち〳〵にをやのしやんとゆうものわ　たすけるもよふばかりをもてる」

（おふでさき　十四号25・35）

# 「寒のすのり」と「諫干訴訟」　立教164年2月18日号

以前の本欄《ほんらん》で「寒《かん》のすのりと夏ぼたる」についてお尋《たず》ねしたところ、早速《さっそく》に和歌山県橋本市《はしもと》の高橋利助様《たかはしりすけ》から、「その話は上村福太郎《うえむらふくたろう》氏が昭和二十四年九月に足達梶《あだちかじ》さん（当時八十三歳）から取材された著書《ちょしょ》にある」と教えていただいた。

「三島小在所《みしまこざいしょ》に過ぎたるものは寒《かん》のすのりに夏ぼたる」という唄《うた》があったそうで、以下は梶さんの話。「私のこの家（神具店《しんぐてん》）の前の川（三島本通《みしまほんどお》りの川）ですが、この川の丁度《ちょうど》三島の間だけに、寒になると川の石にほん青どろ（青みどろ）みたいなのがひらひらと生《は》えました。これをとって、綺麗《きれい》に洗って酢《す》をかけると、コリコリといって、そらうまかったもんです。又《また》、三島蛍《ぼたる》といって、そら一寸《いっすん》近うもあるような大きな蛍でした。不思議に三島の川の界隈《かいわい》にだけいました」（『教祖の御姿を偲ぶ』道友社刊）

今日では、寒のすのりも夏ぼたるも昔語《むかしがた》りとなったが、九州の有明海《ありあけかい》では色落《いろお》ちによる養殖《ようしょく》ノリの不作《ふさく》が深刻《しんこく》だ。『毎日新聞』によると、一月二十三日の長崎県諫早湾干拓事業《いさはやわんかんたく》（諫干《いさかん》）差し止めを求めた訴訟《そしょう》の第十五回口頭弁論《こうとうべんろん》で原告側証人《げんこくがわしょうにん》の佐藤正典・鹿児島大助教授が、ノリの不作と諫干との因果《いんが》関係は断定できないとしながらも「有明海などの湾奥《わんおう》は海水がよどみ富栄養《ふえいよう》化《か》しやすいが、干満差《かんまんさ》によってかき回されることで高い生物生産力を保《たも》っていた」「閉め切りで干潟《ひがた》の浄化機能《じょうかきのう》がなくなり、調整池《ちょうせいち》から汚水《おすい》が排出《はいしゅつ》されている。これらの状況証拠から諫干が（赤潮《あかしお》を）引き起こしやすくしているとは言える」と述《の》べた。大自然の摂理《せつり》は人知《じんち》で計《はか》り難《がた》い。

「人は、天地の間に生を享《う》け、至妙《しみょう》な自然の調和の中に生存している。遍《あまね》く月日の光を身に頂いているように、隔《へだ》てなく天地の恵《めぐみ》に浴《よく》している。天地は月日の理で、人は、天地抱《だ》き合《あわ》せの、親神の懐《ふところ》に抱《いだ》かれて、限りない慈《いつく》しみのまにまに生活《くら》している」（『天理教教典』第四章）

# バンクーバーの教友たち

立教164年2月25日号

　およそ六年半ぶりに訪《おとず》れたカナダのバンクーバーは、相変《あいか》わらず自然も町並《まちな》みも美しく、親切な人々が多かった。

　カナダの面積は日本の約二十六倍で、人口は三千万人余り。その太平洋岸に位置するバンクーバーの大都市圏（グレーターバンクーバー）は奈良盆地《ぼんち》ほどの面積があり、人口は二百万人を超えたそうだ。

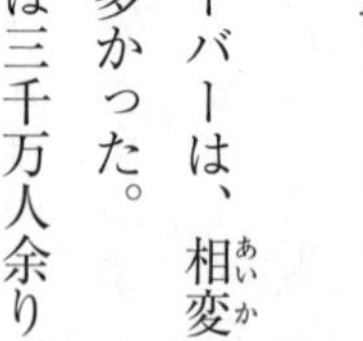

　今回の渡加《とか》の目的は、『諭達《ゆたつ》第一号』のご精神を日常の生活に生かすため、昨年九月から私どもの教会で実施している「地区講習会」の講師をつとめることと、平成四年七月に当地に開設した文化布教センターの日本語学校の視察だ。

　十日には日本語学校の授業見学と江川元明《えがわもとあき》所長以下十一人の先生たちとのミーティング。土曜日は公立学校が休みなので、十数クラスのほとんどは、コミュニティースクールの教室を借りて行われていた。開校後九年、現在の生徒数は大人も含めると四百名を超えている。先生たちは教会系統には関係なく、修養科を修了した若者だが、ほとんどが女性。英語を使って日本語を教えるため、語学と授業法の研修に真剣に取り組んでいた。

十一日はVANCOUVER教会の二月月次祭祭典後、「教祖《おやさま》ひながたに学ぶたすけ一条の道」をテーマに「おつとめ」と「おさづけ」についての講習会。参加者は子ども六人を含《ふく》めて四十七人。英語の教材は用意しなかったが、ビデオプロジェクターを使用しての講義だったので、日本語の苦手《にがて》な人たちにも、幾分《いくぶん》か分かってもらえたようだった。

昭和二十年代後半に渡加した西賢一《にしけんいち》会長夫妻が当地に蒔《ま》いた真実の種が、昭和五十二年の教会設立となり、今日がある。「天の理であればこそ、万国《ばんこく》まで一寸《ちょっと》付け掛けてある。万国一体《いったい》世界一体いずれ開いて見せる」（おさしづ明治三七・三・二九）

# 教祖最後のご苦労を偲ぶ　立教164年号3月4日号

今年は暖冬《だんとう》との長期予報を聞いたが、現実は日本列島は寒波《かんぱ》に覆《おお》われ、各地で積雪《せきせつ》による被害《ひがい》があった。春三月の声を聞いても寒い日が続くようだが、どの家でも暖房器具《だんぼうきぐ》が整《ととの》い、衣食《いしょく》が足《た》りている私たちは、昔の人々のことを思えば結構なものだ。

今から百十五年前の明治十九年、御歳《おんとし》八十九歳の教祖《おやさま》は二月十八日（陰暦《いんれき》正月十五日）から十二日間、奈良警察署櫟本分署《いちのもとぶんしょ》で最後のご苦労をなされた。

この年は三十年来《ねんらい》の寒さであったのに、教祖がご高齢《こうれい》のご婦人の身をもって、火の気《け》のない冷たい板の間《いたのま》で、夜具《やぐ》とて与《あた》えられずにお通りくだされた日々は、『稿本天理教教祖伝』に詳《くわ》しい。

教祖百年祭前々年の二月十八日、当時『天理時報』の記者をしていた私は、九十八年前のその日に教祖が最後のご苦労をなされたことに気づいた。そこで同僚と二人で、教祖が人力車《じんりきしゃ》に乗って行かれた道を歩いてみることにした。

ご本部の夕づとめ参拝を終《お》えた足で天理本通りを西へ下《くだ》り、石の灯篭《とうろう》から北に向かい、櫟本の町を目指した。およそ三十分も歩いただろうか。お屋敷から櫟本までは案外早く到着したが、陽《ひ》もとっぷりと暮れた路上《ろじょう》にたたずむスニーカーの靴底《くつぞこ》から這《は》い上がってくる寒気《かんき》に、身も凍《こお》る思いがしたことを、今でも覚えている。

教祖が人間生活のお手本として残してくだされたひながたの数々を、講《こう》釈師《しゃくし》のように述《の》べ立てることはたやすい。しかし、教祖の御道すがらの万分《まんぶん》の一であっても、我が身をもって実行することは至難《しなん》だ。そして、そこに初めて教祖の偉大《いだい》さを分からせていただけるのだと思った。

「難《むつか》しい事をせいとも、紋型《もんかた》無き事をせいと言わん。皆一つ〳〵のひながたの道がある。ひながたの道を通れんというような事ではどうもならん」（おさしづ　明治二二・一一・七）

# 天理教の死生観

立教164年3月11日号

ねがはくは花のしたにて春死なむそのきさらぎの望月《もちづき》の頃《ころ》（西行《さいぎょう》）

平安末期の歌僧《かそう》・西行の俗名《ぞくみょう》は佐藤義清《さとうのりきよ》。

鳥羽上皇《とばじょうこう》を警護《けいご》する北面《ほくめん》の武士だったが、二十三歳で妻子を捨《す》てて出家《しゅっけ》した。人生と自然を深い眼差《まなざ》しでとらえ、花と月を好んで詠《よ》み、願い通りに文治《ぶんじ》六年二月十六日（陽暦三月二十三日）、河内国弘川寺《かわちのくにひろかわでら》にて七十三歳で没《ぼっ》。

「きさらぎ」は陰暦二月の異称《いしょう》。仏教の開祖《かいそ》・釈迦《しゃか》は二月十五日に沙羅双樹《さらそうじゅ》の木《こ》の間《ま》で入滅《にゅうめつ》したとされていた。

西行の死は梅には遅く、桜には早い季節になったわけだが、冒頭《ぼうとう》の和歌からは、西行の死に対するいさぎよい姿勢を感じ取ればよいのだろう。

日本人の平均寿命《じゅみょう》は女性八十四歳、男性七十七歳でともに世界一だが、世界の確かな記録による最長寿者《さいちょうじゅしゃ》は、平成九年に亡くなった南フランス・アルル地方のジャンヌ・カルマンさんで百二十二歳だった。

世界の平均寿命は年々伸びているが、不思議なことに最長生存齢《さいちょうせいぞんれい》（その時代における最長寿者の年齢）は、ローマ時代から約百十歳で全く変化していない。教祖《おやさま》が「百十五歳定命《じょうみょう》」と教えられたのは驚くべきことなのだ。

この世に生を享《う》けた私たちは、遅かれ早かれ必ず死を迎える。自分の死の記憶はなく、死後の世界が見えないだけに、そこはかとなく死は恐ろしい。しかし、人間の死は、新しく生まれ更《か》わるための「出直《でなお》し」なのである。

この道を深く信仰された先人《せんじん》には、今生《こんせい》に親神様から頂戴《ちょうだい》した数々のご守護にお礼を申し上げ、人々の真心に感謝し、来生《らいせい》も親神様のご用《よう》にお使いいただきたいとの希望に満ちた「出直し」をされた方々が、多数おられる。

「人間わしに《死》いく《行》とゆう《云》ていれと《ど》も、しに《死》ゆく《行》て《で》なし。み《身》のうち《内》わ神か《が》しり《退》そくこと《事》なり。しぬ《死》るとゆう《云》わ、いふく《衣服》をぬきすて《脱捨》いるもおなし《同》こと《事》なり」

（十六年本・桝井本）

## お水取りが済めば春が来る？

立教164年3月18日号

三月も中旬だが、春は名のみの風の寒さに、外出にはコートが手放《てばな》せない。奈良では昔から「東大寺《とうだいじ》二月堂のお水取《みずと》りが済めば春が来る」といわれてきたから、この時期に関西地方が寒いのは例年のことなのだろう。

お水取りは三月一日から十五日まで二月堂で行われる「修二会《しゅにえ》」の中の行事。十二日の深夜、お松明《たいまつ》を振り回す行法《ぎょうほう》とともに、練行衆《れんぎょうしゅう》が閼伽井《あかい》から聖《せい》水《すい》を汲《く》む。この行事は千二百年以上も続いているそうだが、半月間も寒さと粗食《そしょく》に耐《た》えて修行《しゅぎょう》する僧侶《そうりょ》たちの姿には、痛《いた》ましささえ感じる。

天理教では体を痛めることで精神を鍛《きた》えることは教えられていないが、青年会本部の出版部でつとめていた時に、好奇心から水行《すいぎょう》の真似事《まねごと》をしたことがある。季節は真夏の深夜、同僚と二人で布留川《ふるがわ》の上流にある桃尾《ももお》の滝《たき》に打

たれに行ったのだ。

裸になって滝の中腹《ちゅうふく》までよじ登り、「臨兵闘者皆陣列在前《りんぴょうとうしゃかいじんれつざいぜん》」と呪文《じゅもん》をとなえながら指で空中に九字《くじ》を書いて、頭上から落ちてくる水に体を打たせるのだが、これが予想外《よそうがい》につらい。痛くて、冷たくて、情けなくなって、五分とせぬ間にギブアップしてしまった。

大阪で猛烈《もうれつ》に布教をされた泉田藤吉《いずみたとうきち》氏（通称《つうしょう》・熊吉《くまきち》）は、心が倒れかかると、厳寒《げんかん》の深夜、川に出て二時間ほども水に浸《つ》かり、堤《つつみ》に上がって体が自然に乾《かわ》くまで風に吹かれる、ということを一カ月間ほど続けた。

また、天神橋《てんじんばし》の橋杭《はしぐい》につかまって、一晩《ひとばん》川の水に浸かってから、おたすけに回った。そんなある日、おぢばへ帰って教祖《おやさま》から「熊吉さん、この道は、身体《からだ》を苦しめて通るのやないで」（教祖伝逸話篇六四）と、お言葉を頂戴《ちょうだい》したという。人様《ひとさま》に悩みや患《わずら》いからたすかっていただけるように苦労することが、この道の苦労。

# 眠れぬ夜のために

立教164年3月25日号

中国・唐《とう》の詩人、孟浩然《もうこうねん》は春暁詩《しゅんぎょうし》で「春眠暁《しゅんみんあかつき》を覚《おぼ》えず　処処啼鳥《しょしょていちょう》を聞く」と詠《よ》んだ。春は夜が短くなる上に快適な気候なので、夜明けも知らず眠り込んで、朝になってもなかなか目がさめないのだ。夜型人間にはつらい季節の到来である。

しかし、考えてみると「眠る」ということは、実に不思議な現象だ。一日中働き通して体が綿のように疲れていても、過重《かじゅう》な頭脳労働で思考能力がなくなってしまったような状態であっても、熟睡《じゅくすい》することによって、目ざめた時には身も心も爽《さわ》やかにリフレッシュされている。これは非常にありがたいことだ。

その一方で、眠ろうとして眠れないことほどイヤなことはない。いわゆる不眠症《ふみんしょう》には、寝つきの悪い「入眠障害《にゅうみんしょうがい》」をはじめ「熟眠《じゅくみん》障害」「早期覚醒《そうきかくせい》」

「途中覚醒《とちゅう》」などがあるとされるが、重症になると、たいていは睡眠薬《すいみんやく》に頼ることになる。かく言う私も、以前はしばしば「入眠障害」に悩んだことがある。寝酒《ねざけ》を一杯やると大抵は眠れるのだが、寝入りばなを電話などで起こされると、今度はもう眠れない。輾転反側《てんてんはんそく》を繰り返して、ようやく夜明け前に少しだけ眠れるのだった。

しかし、ある時に一種の悟《さと》りを開いた。「そもそも眠るということは、自分の力でできることでなく、親神様のご守護によるものである。したがって、自分にできるのは、静かに横になって体を休め、目を閉じて心を安静にし、眠りに落ちるのを待つしかないのだ」と覚悟《かくご》した。すると、眠れなくてもイライラすることがなくなった。この方法は深刻《しんこく》な「不眠症」に苦しんでいる方々には効果がないかもしれない。でも、一度は試していただきたい。

「なんでもこれからひとすぢに　かみにもたれてゆきまするる」（みかぐらうた三下り目　7）

# 「ウソも方便」は許される？

立教164年4月1日号

欧米《おうべい》には、四月一日の午前は軽いウソをついても許される「エープリルフール」の風習があり、その日本語訳が「四月馬鹿」。世界のマスコミでは毎年この日に、工夫《くふう》をこらしたニセの報道を流すそうだ。たとえば一九八七年四月一日、イギリスの『ザ・タイムズ』が「ミロのビーナスの両腕がギリシャのミロ島で発見され、ものものしい警戒の中、ルーブル美術館におさめられた」という記事を載《の》せたのは傑作《けっさく》。しかし、どう考えても意味のある風習とは思えない。

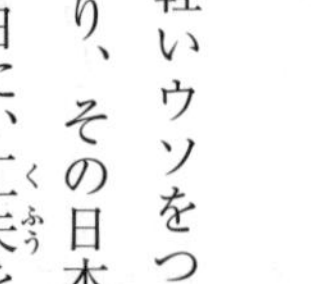


ウソをついて人をだまし、あざむくことは良くないに決まっているが、日本には「ウソも方便《ほうべん》」ということわざがある。これは、燃え盛《さか》る家の中で遊んでいる子どもたちに、父親が「焼け死なないように、出ておいで」と呼び掛けても出てこないので、「牛の車や羊の車や鹿の車など素敵《すてき》な玩具《おもちゃ》がある

から、出ておいで」と言って、子どもたちを救ったという「法華経《ほけきょう》」の「比喩品《ゆほん》」に記されている「三車火宅《さんしゃかたく》」の譬《たと》えから、「下根《げこん》の（資質の低い）人々を教え導《みちび》く手段として、場合によってはウソも必要だ」というほどの意味。

日本人は割り合いウソに寛容《かんよう》な民族だといわれる。それは、古くから日本の経済を支《ささ》えてきた農耕民《のうこうみん》の間では、お互いが一カ所に定住していたので、多少のウソをついても、ウソを訂正《ていせい》して許されるケースが多かったから。

一方《いっぽう》、家畜《かちく》とともに常に移動しながら暮らす遊牧民《ゆうぼくみん》の間では、まさに一期《ご》一会《え》の出会いが多い。そこではウソは訂正がきかず、誤った情報は家族全員の生死にかかわるような悲劇をまねく。したがって、ウソをつくことは重大な罪悪《ざいあく》とされる、という説がある。

教祖《おやさま》はウソを厳《きび》しく戒《いまし》められた。

「これからハうそをゆうたらそのものが　うそになるのもこれがしよちか」

（おふでさき　十二号112）

# 月は征服されなかった

立教164年4月8日号

菜《な》の花や月は東に日は西に（蕪村《ぶそん》）

今年の四月八日は、陰暦《いんれき》三月十五日。晴天であれば、こんな風景が望める。地球から見た月は、ちょうど太陽と反対方向にあるときに満月《まんげつ》となる。したがって、陰暦十五日の日没《にちぼつ》直後に出るのが満月で、十六夜《いざよい》の月の出は少しためらい、以後「立待月《たちまちづき》」「居《い》待月」「寝《ね》待月」と、月の出が遅くなる。昔の人々は月の出をこよなく待ちわびたのだろう。

菜の花はアブラナの花で、三〜四月に黄色い十字状の花を開く。観賞用《かんしょうよう》の切り花となるほか、蜂蜜《はちみつ》を採取《さいしゅ》する養蜂《ようほう》業者はこの花期《かき》を追って、九州から北上《ほくじょう》する。種子《しゅし》からはナタネ油が採《と》れ、やわらかい若芽《わかめ》のオヒタシは季節感あふれる酒肴《しゅこう》ともなる。

蕪村が詠《よ》んだのは、一面の菜の花畑の彼方《かなた》に霞《かす》む山の端《は》から昇る朧《おぼろ》月と思うが、現代人の多くは、その月をどのように観《み》ているのだろうか。

一九六九年七月二十一日（日本時間）、人類で初めて月面《げつめん》に降り立ったアポロ11号のアームストロング船長は「一人の人間にとっては小さな一歩だが、人類にとっては大きな飛躍《ひやく》である」と地球に伝えた。三十二年前の当時、多くの人々が科学の壮挙《そうきょ》に酔い、宇宙時代の到来《とうらい》を確信した。以後、アポロ宇宙船は六度も宇宙飛行士を月面《げつめん》に送ったのだが、月は征服《せいふく》されなかった。そして今も月の美しさ、荘厳《そうごん》さは少しも変化していない。科学の進歩と、人生の意味や目的、物事の価値を知ることは別だからだろう。

六十の坂を越えられた教祖《おやさま》は不自由なご生活の中、おたすけの暇々《ひまひま》には、仕立物《したてもの》や糸紡《いとつむ》ぎをして徹夜《てつや》なさることも度々《たびたび》で、月の明るい夜は「お月様が、こんなに明るくお照らし下されて居《い》る」（『稿本天理教教祖伝』第三章）と、月の光を頼りに糸を紡がれた。親神様のご守護に感謝して暮らす、尊いひながたである。

# 五色の瑞雲について

立教164年4月15日号

教祖《おやさま》のご誕生日は寛政《かんせい》十年(一七九八年)四月十八日で、陽暦《ようれき》では六月二日。季節は初夏のころだが、初代真柱《しんばしら》様が書かれた『教祖様御伝《おやさまぎょでん》』には「教祖出生《しゅっせい》の時、前川《まえがわ》の家の上に、不思議なる雲(五色《ごしき》の雲)ありたりと、近所の人々申居《もうしお》りたり。家内のものは何事も知らざりしとの事」と記《しる》されている。

教祖ご誕生の朝、前川の家の上に五色の瑞雲《ずいうん》(めでたいしるしの雲)が棚《たな》引《び》いていたという言い伝えがあった。棚引くとは、雲が薄く横に長く引くことだが、この項目は教祖七十年祭の年、昭和三十一年十月に発行の『稿本天理教教祖伝』では省《はぶ》かれている。

二代真柱様は、同年三月八日から十日間に及ぶ第十六回教義講習会第一次講習の中で「かような粉飾《ふんしょく》と思われるものは外《はず》してあります」「そういうようなことが、話として伝わっておる、あったらしい、というようなことを付け加えてお話しになるのは一向《いっこう》差し支《つか》えありませんが、基本となるところのこの本からは外したのであります」と述べられた。『稿本天理教教祖伝』は、教祖十年祭ごろから始められた教祖伝編纂《へんさん》の努力が、六十年の歳月《さいげつ》を経《へ》て結実《けつじつ》したものであった。

さらに二代真柱様は「どこまでも、私たちはその後を慕ってたどっておる者たち、信仰の立場からこれを見させていただくのが、われわれの教祖伝を読ませていただく態度と申したいのであります」「しかもその編纂する時の態度が一貫《いっかん》して史実を狂わさず、しかも読む人の態度を懸念《けねん》して進めていくところに、苦心があったと申したいのであります」と、その編集方針を明らかにされている。教祖伝を学ぶたびに、以前には気がつかなかった教祖の親心を、より深く分からせていただくのは、私だけではあるまい。

「にち〳〵にすむしわかりしむねのうち　せゑぢんしたいみへてくるぞや」

（おふでさき　六号15）

# 「お人好し」は「人間が良い」

立教164年4月22日号

四月も下旬《げじゅん》になれば、春たけなわ。暑くもなく寒くもない、最も快適《かいてき》な季候に恵まれる。春の風ののどかに吹くさまを「春風駘蕩《しゅんぷうたいとう》」と言うが、この言葉は、人の態度や性格がのんびりとして温和なことも意味する。

人は顔付《かおつ》きや体型《たいけい》が異《こと》なるように、それぞれに違った性格を持っている。古代ギリシャのヒッポクラテスは、性格の個人差を、情動的反応《じょうどうてきはんのう》が速くて強い「胆汁質《たんじゅうしつ》」、生気《せいき》に乏《とぼ》しくて暗い「黒《こく》胆汁質」、楽観的・活動的で移り気な「多血質《たけつ》」、冷静で不活発だが粘《ねば》り強い「粘液質《ねんえき》」の四つの気質《きしつ》に分類したのは有名。

ドイツの精神医学者・クレッチマーは精神病患者の体型《たいけい》を調べ、細長型《ほそながた》の体型で生真面目《きまじめ》な「分裂気質《ぶんれつ》」、肥満《ひまん》型の体型で人付合《ひとづきあ》いの良い「循環《じゅんかん》気質」、筋肉質の体型で粘っこい性格の「粘着《ねんちゃく》気質」に区別した。

近年の日本の若者の間では、科学的な根拠《こんきょ》は全く無いはずなのだが、血液型や占星術《せんせいじゅつ》による性格判断に人気があるようだ。

中山重吉《なかやまじゅうきち》氏は、教祖の長女・おまさ様《おやさま》の長男で、お屋敷の門前《もんぜん》で宿屋を営《いとな》んでいた。ある日、妻のコヨシは重吉氏のお人好《ひとよ》しを頼りなく思い、生家《せいか》へ帰ろうと決心すると、途端《とたん》に目が見えなくなった。飯降《いぶり》おさとを通して教祖に伺《うかが》うと、教祖は「コヨシはなあ、先が見えんのや。そこを、よう諭《さと》してやっておくれ」と仰《おお》せられた。コヨシが申し訳なさに泣けるだけ泣いて、お詫《わ》びすると、また目が見えるようになった。(教祖伝逸話篇一二五)

お人好しといえば頼りないようだが、心が広くて優《やさ》しいということもできる。頑固《がんこ》だといえば、扱《あつか》いにくい人のようだが、意思が強いということもできる。優柔不断《ゆうじゅうふだん》と言えば聞こえが悪いが、思慮《しりょ》深いということでもある。

お互いに長所短所を認め合い、末永《すえなが》い先を楽しんで通るのが夫婦。

# 渭城の朝雨は軽塵をうるおす　立教164年4月29日号

一年を二十四等分《とうぶん》して季節を示す二十四節気《せっき》では、四月二十日ごろが穀雨《こくう》。春雨《はるさめ》が降《ふ》って百穀《ひゃっこく》をうるおす季節である。

ゴールデン・ウイークに行楽《こうらく》を予定したり、行事を計画している人々にとって、雨は心配の種。しかし、先日英語のラジオ放送の天気予報をそれとなく聞いていて「○○地方は雨が期待できる」という表現に出会い、ハッとした。そうなんだ、雨は天からの恵みなのである。

唐《とう》の詩人・王維《おうい》は、辺境《へんきょう》の地に使いする親友の送別に「渭城《いじょう》の朝雨《ちょうう》　軽塵《けいじん》をうるおし　客舎《かくしゃ》　青青《せいせい》　柳色新《りゅうしょくあら》たなり」と詠《よ》んだ。当時、長安《ちょうあん》の都から西方へ旅する人は渭城（現在の咸陽《かんよう》）の町まで見送り、駅舎《えきしゃ》で一夜の送別の宴《うたげ》を張った。そして夜が明けると、昨日《きのう》舞っていた土埃《つちぼこり》は朝の雨に濡《ぬ》れ、駅舎の柳も青々《あおあお》と生気《せいき》を取り戻している。この詩は「君に勧《すす》む　更《さら》に尽《つ》くせ一杯の酒、西のかた陽関《ようかん》を出《い》ずれば　故人《こじん》(旧友)無《な》からん」と続く。

渭城の土埃は朝の雨がうるおしたが、天理教では、親神様の思召《おぼしめし》に沿《そ》わぬ心遣《こころづか》いを「埃《ほこり》」にたとえられ、日々の心を反省する糸口《いとぐち》として教えられたのが「をしい・ほしい・にくい・かわい・うらみ・はらだち・よく・こうまん」の「八つのほこり」だ。吹けば飛ぶような「心のほこり」は、早めに掃除さえすれば、たやすく綺麗《きれい》に払《はら》えるが、油断《ゆだん》をすれば、いつしか積もり重なり、ついには掃《は》いても拭《ふ》いても取り除きにくくなる。

このほこりを掃除するには、常に親神様の教えを守り、病気や事情のもつれは「胸の掃除」を促《うなが》される親神様の親心と悟《さと》って反省を重ね、信仰実践《じっせん》に踏み出すことである(『天理教教典』第七章)。

ちなみに、西欧では「四月の雨で五月の花が育つ」というそうだ。

「みづとかみとはおなじこと　こゝろのよごれをあらひきる」(みかぐらうた五下り目　3)

# チマキと楚の屈原

立教164年5月6日号

五月五日は端午《たんご》の節句《せっく》。古来《こらい》、この日にはチマキや柏餅《かしわもち》を食べる風習があった。戦後は「こどもの日」として国民の祝日となり、武者《むしゃ》人形などを飾《かざ》り、コイノボリを立てて男子の成長を祝う。

端午の節句にチマキを食べることについて、江戸時代の大阪の医師・寺島《てらじま》良安《りょうあん》は『和漢三才図会《わかんさんさいずえ》』に次のように記《しる》している。

中国楚《そ》の大詩人・屈原《くつげん》は五月五日に汨羅江《べきらこう》に身を投げた。楚の人はこれを悲しんで毎年この日に竹の筒《つつ》に米を入れ、水に投げて屈原を祭《まつ》った。ところがある日、屈原が現れて「祭ってもらうのは大変うれしいが、当年《とうねん》（今年）送ってもらったものは蛟竜《みずち》（ヘビに似た想像上の動物）に盗まれてしまった。この恵んでくれるなら、センダンの葉で筒を塞《ふさ》ぎ五色《しき》の糸で縛《しば》ってほしい。この二物《にぶつ》は蛟竜の忌《い》み嫌《きら》うものであるから」と言った。そこで、チマキ、五色の糸、センダンの葉を用《もち》いたと。

屈原は楚の王族の生まれ。副宰相《ふくさいしょう》にまでのぼったが讒言《ざんげん》により放逐《ほうちく》され、洞庭湖《どうていこ》のあたりを放浪すること多年の末、「世の中すべて濁《にご》っている中で、私一人が澄《す》んでいる。人々すべて酔っている中で、私一人が醒《さ》めている。それゆえ放逐《ほうちく》されたのだ」との「漁父《ぎょほ》の詩篇《しへん》」を作り、石を抱いて入水《じゅすい》したとされる。屈原は潔癖《けっぺき》に過ぎたのではなかろうか。

明治十六年、御休息所《ごきゅうそくしょ》の壁塗《かべぬ》りのひのきしんをしていた梅谷四郎兵衛《うめたにしろべえ》氏（後に船場《せんば》大教会初代会長・本部員）は、「大阪の食《く》い詰《つ》め左官《さかん》が、大和三界《やまとさんがい》まで仕事に来て」との陰口《かげぐち》を聞き、深夜ひそかに荷物をまとめて大阪へ戻ろうとした。しかし、教祖《おやさま》の咳払《せきばら》いを聞いて思い止《とど》まった。翌朝、教祖は「四郎兵衛さん、人がめどか、神がめどか。神さんめどやで」（教祖伝逸話篇一二三）とお諭《さと》しくだされた。「めど」とは「めあて」「目指すところ」の意味。

# 「九つの道具」の意味

立教164年5月13日号

目には青葉　山ほととぎす　初鰹《はつがつお》（素堂《そどう》）

江戸中期の俳人《はいじん》・山口素堂は甲州《こうしゅう》（現山梨県）の出身。儒学《じゅがく》・書道・和歌・茶道《さどう》・能楽《のうがく》をも学び、江戸に出て芭蕉《ばしょう》とも親交《しんこう》を結《むす》んだ多芸多才《たげいたさい》の人だ。

前出《ぜんしゅつ》の句は、五月の陽《ひ》の光にキラキラ光る青葉若葉を眺《なが》め、「テッペンカケタカ」と鳴くホトトギスの声を愛《め》でながら、江戸っ子に珍重《ちんちょう》された初鰹の刺《さ》し身《み》に舌鼓《したづつみ》を打つ、ということか。視覚《しかく》、聴覚《ちょうかく》、味覚《みかく》の喜びをコンパクトに詠《うた》い込んでいる。

人間の感覚は、これらに嗅覚《きゅうかく》と触覚《しょっかく》を加えた五感《かん》とされる。

私は子どものころから、人間は親神様から「目・耳・鼻・口・右手・左手・右足・左足・男女の一の道具」の「九つの道具」を貸していただいている、と聞かされた。理屈《りくつ》を覚えるようになってからは、「九つの道具」は外から見える道具ばかりではないか。体内《たいない》には心臓や肺や胃・小腸・大腸・肝《かん》臓《ぞう》・腎臓《じんぞう》・膵臓《すいぞう》など多くの道具があるのに……と不審《ふしん》に思ったこともあった。

しかし、よく考えてみると、自分の思い通りに使える道具というのは「九つの道具」しかない。しかもそれは「外界《がいかい》の情報を得るための、優《すぐ》れたセンサー」であり、「外界《がいかい》へ作用《さよう》を及ぼすため、巧《たく》みに操《あやつ》れる道具」なのである。

体内にある他の道具は、眠っている時はもちろん、目《め》ざめている時にも親神様任《まか》せだ。美味《おい》しく食事を味わっても、飲み下《くだ》してしまえば、消化・吸収から排泄《はいせつ》するまでの作業は親神様がすべて引き受けてくだされる。

人間にとって大切なことは、自分の心ひとつで「九つの道具」をどのように使わせていただくかということであり、その使い方ひとつによって、私たちの人生は決まってゆくのである。

「それよりもたん〱つかうどふぐわな　みな月日よりかしものなるぞ」

（おふでさき　十三号46）

# 去る者は日に以て疎く

立教164年5月20日号

九州・宮崎県の教会の年祭《ねんさい》に祭官《さいかん》として呼ばれた。当地ではすでに田植《たう》えが終わり、花もツツジからサツキの季節になっていた。さすがに南国と思ったら、寒い日が続いたので、ストーブを片付《かたづ》けたばかりだとのこと。

年祭の祭式《さいしき》後の直会《なおらい》の席で、就任後《しゅうにんご》二十年になる教会長が「この二十年間に、ずいぶん多くの人々が出直《でなお》してしまいました……」と、寂《さび》しげに話す。「それでも、出直した人よりも大勢の子どもが生まれ、育っているじゃないですか」と励《はげ》ましながら、私自身も故人《こじん》を偲《しの》んでは感無量《かんむりょう》の思いを禁《きん》じ得《え》なかった。

中国漢代の古詩《こし》十九首中の「去る者は日に以《もっ》て疎《うと》く　来《きた》る者は日に以て親しむ」（無名氏《むめいし》）の句は有名だが、作者が同じ詩の中で墓を見て感慨《かんがい》にふけっていることから、「去る者」は死者、「来る者」は生者《しょうじゃ》を意味しているようだ。

考えてみると、私たちは今日まで、家族・親族はじめ、いかに多くの人々から恩顧《おんこ》をうけてきたことか。そして人はやがて年老《としお》い、出直してゆく。日に月に霊様方《みたまさまがた》の記憶が薄らいでゆくのは悲しいことだ。せめて、霊様方のご功績《こうせき》の数々を後《のち》の世に語《かた》り継《つ》ぎ、そのご精神を受け継いでゆきたいものである。

天理教で「死」は、古くなった着物を親神様にお返しし、再びこの世に生れ更《か》わってくるための「出直し」と教えられる。教祖《おやさま》最後のご苦労中も、お側《そば》でお仕《つか》えした梶本《かじもと》ひささん（初代真柱《しんばしら》様の姉）は、明治二十年四月、山澤《やまざわ》為造《ためぞう》氏（後に管長職務摂行者《かんちょうしょくむせっこうしゃ》）と結婚。翌年生まれた女児・サヨは、教祖の三女・おはる様（ひさの母親）の生まれ更わりであった。

「待ち兼《か》ねて連れて戻りた。親が子となり、子が親となり、名を呼び出せ。一時《いちじ》名を呼び出さねば分かろうまい。さあ〳〵生《うま》れ更わりたで。名ははる」

（おさしづ　明治二一・四・一六）

# 目に見える世界の奥に

立教164年5月27日号

最近、飛行機に乗る機会が多くなった。列車や船舶《せんぱく》を利用し、長時間かけておぢば帰りされる方々のことを思うと、多少肩身《かたみ》がせまいが、今の時代は海外へ行くには飛行機を利用するしか方法がないのだから、空の旅も以前ほどゼイタクではなくなったのかもしれない。

よく晴れた日、海の上空に差し掛かった飛行機の窓から外を眺《なが》めると、そこは青一色の世界だ。しかしよく見ると、空の青と海の青とでは、微妙《びみょう》に色《いろ》合《あ》いが異《こと》なる。そこに、ふんわりと浮かぶ真っ白な叢雲《むらくも》を見れば、誰しもこの世界の美しさに息をのむ。

物理学では、色は光の波長《はちょう》と人間の感覚器官《かんかくきかん》によって生み出されるという。人間の目は赤・緑・青の「光の三原色《げんしょく》」を感知《かんち》する能力をもち、この三色の組み合わせであらゆる色をつくりだすことができる。一方、物体《ぶったい》に光を当てると、ある波長の光は吸収され、そのほかは反射される。海が青いのは青以外の波長の光を吸収するからで、空が青いのは青系統の散乱光《さんらんこう》を見るからだそうだ。

空や海の青、木々の緑は心の鎮《しず》まる色だが、デザイン関係の仕事をしている知人は、人間にとって最も心やすらぐ色はアースカラー（大地の色）だと言う。これは「色の三原色」である赤・青・黄色をそれぞれ一〇パーセントずつ混《ま》ぜ合《あ》わせた色なのだそうだ。なるほど、昔から人間が生活できる場所は土の上しかなかったはずだから、これはもっともな説である。

現在では千六百七十七万色を発色《はっしょく》するコンピューターのディスプレイも売られている。世界には無数の色があるが、光がなければこの世は闇《やみ》だ。その目に見える世界の奥に、親神様の不思議なご守護の世界が広がっている。

「にんけんの心とゆうハあざのふて　みへたる事をばかりゆうなり」
（おふでさき　三号115）

# 試験勉強は大罪悪？

立教164年6月3日号

全国の高校生諸君、一学期の中間考査の成績は如何《いかが》？　成績はともかく、試験勉強からの開放感《かいほうかん》にひたっているのかな？

君たちは仁科芳雄《にしなよしお》という人を知っているかな？　一九一八年に東京帝国大学（現東京大学）工学部電気工学科を卒業後、ヨーロッパへ留学。帰国後は、ノーベル賞を受賞した湯川秀樹《ゆかわひでき》や朝永振一郎《ともながしんいちろう》など多くの科学者を育てたエラーイ先生だ。その仁科博士は、自分の弟への手紙に「試験勉強は大罪悪《だいざいあく》なり」と書き送った。その手紙の一部を紹介《しょうかい》しよう。

「試験は只《ただ》よく学力がつきたるか否《いな》かを、教師が試《ため》すのみなり。我等《われら》は、只学力をつける事をなす事が必要なり。試験前に俄《にわか》勉強をするは、己《おのれ》の学力なきものを、ある様《よう》に教師に見せるものなれば、大《おおい》なる悪事《あくじ》なり、大詐欺《だいさぎ》なり、

大罪悪なり、教師をだますものなり。かくの如《ごと》き悪事をなし、加《くわ》うるに身体を害《がい》す、俄勉強は必ずなすべからず。平常より勉強して学力をつける事を注意せよ」。自分にない学力を有るように見せるのが罪悪なのだ。

さらに、「前日には翌日の予習をし、教室では教わったことを憶《おぼ》え、帰っては復習し、週に一度は全科目の大略《たいりゃく》を復習せよ。教科書以外の参考書（偉《い》人《じん》の伝記《でんき》など）を読破《どくは》しなければ、成績は良くても、社会に出てから役に立たない。夜長く起きているのは愚《ぐ》の極《きわ》みで、一夜漬《いちやづ》けで勉強したことは、直《す》ぐに忘れてしまう」といったアドバイスが書かれている。

教祖《おやさま》は、当時高校生ぐらいの年《とし》ごろと思われる飯降《いぶり》よしゑさんに「朝起き、正直、働き。朝、起こされるのと、人を起こすのとでは、大きく徳、不徳に分かれるで」「蔭《かげ》でよく働き、人を褒《ほ》めるは正直。聞いて行わないのは、その身が嘘《うそ》になるで」「もう少し、もう少しと、働いた上に働くのは、欲ではなく、真実の働きやで」（教祖伝逸話篇一一二）と教えられた。

# 教会長シンポジウム点描 立教164年6月10日号

梅雨《つゆ》のはしりか、早朝から小雨降《こさめふ》りしきる五月三十一日、本部第三食堂を会場に「教会長おやさと講習会第十次」のシンポジウムが開会した。全教会長を対象とした二泊三日の講習会は、九月中旬の第十九次まで続く。司会をつとめるのは今回で三度目だ。

この日の発言者は佐久《さく》分教会長・前島章雄《まえじまあきお》、梅道《うめみち》分教会長・小林正男《こばやしまさお》、東生駒《ひがしいこま》分教会長・竹川由久代《たけがわゆくよ》の三氏。司会のパートナーは喜多秀和《きたひでかず》氏だ。

会場は、およそ八百人もの教会長さん方で満席。定刻に発言者と司会が入場すると、万雷《ばんらい》の拍手《はくしゅ》。この時点で、喉《のど》はカラカラの状態となってしまう。

シンポジウムは、発言者が「縦《たて》の伝道《でんどう》」「おたすけ」「おつくし」などについての質問に答える形式で進む。今回の発言者は三氏とも結婚に相前後《あいぜんご》して夫婦で単独布教に出ておられる。天理高校農事部在学中、両親の陰《かげ》の祈りに感激した前島氏。天理教が大好きで二十五歳の時に布教に飛び出した小林氏。婚家《こんか》の母の喜び上手《じょうず》、夢持たせ上手に感化《かんか》された竹川氏。現役《げんえき》の教会長として、たすけ一条に励《はげ》む各氏の言葉は説得力に満ちている。

三氏がそれぞれにモットーとするところは、前島氏が「理のつとめ・身のつとめ・心のつとめ」、小林氏が「朝起き・正直・働き」、竹川氏が「つとめ一条・たすけ一条・勇みとたんのう」だ。

それぞれの発言に熱心に聴き入る満場の聴衆《ちょうしゅう》。天理教は実に、この十九倍もの教会長を擁《よう》しているのである。

九十四年前の明治四十年六月九日、初代真柱《しんばしら》様の「部下教会長一同わらじの紐《ひも》を解《と》かず一身《いっしん》を粉《こ》にしても働かさして頂き、毎月少しずつでも集まりたるだけ本部へ納めさして頂く事に決め申しました」との返答に、本席《ほんせき》・飯降《いぶり》伊蔵《いぞう》先生は「席は満足をして居《い》る」と仰《おお》せられて、出直《でなお》された。全教一手一つの実動に、親神様はお勇みくだされる。

# カエルの発生の不思議

立教164年6月17日号

今年も北海道をのぞく日本列島は梅雨《つゆ》に入った。先日、ご本部神殿の奉仕当番をつとめ、夜も更《ふ》けて参拝者の数も少なくなったころ、カエルの合唱が聞こえてきた。神殿の近くには水田も溜池《ためいけ》も無くなったのに、どこで鳴いていたのだろう。

小学生から高校生の時代まで暮らした信者詰所の西側と南側には水田《すいでん》があって、たくさんのカエルが棲《す》んでいた。私にとってカエルの合唱は子守唄《こもりうた》だったし、カエルは遊び相手でもあった。

小学生のとき、近所の溜池からゼリー状のカエルの卵をバケツで持ち帰り、カナダライ（金盥）に入れて観察したが、何日たってもオタマジャクシにならない。カナダライを庭に出していると邪魔《じゃま》になるので、縁《えん》の下《した》に入れたのだが、そのうちにカエルの卵のことはすっかり忘れてしまっていた。

ある日、学校へ行こうとすると、庭で大人たちが騒《さわ》いでいる。何事《なにごと》かと見ると、体長《たいちょう》二センチほどの小さなカエルの大群《たいぐん》が、詰所の庭を飛び回っているではないか。なんという生命力だろうか。縁の下のカナダライの中で卵から孵化《ふか》したオタマジャクシがカエルとなって、庭へ飛び出したのだ。その後どうなったのかは、あまり昔のことで記憶にないのだが……。

それにしてもカエルの発生《はっせい》は不思議だ。目とエラと尻尾《しっぽ》しか無いようなノッペラボウのオタマジャクシに足が生え、手が出来て、尻尾が吸収される。エラは無くなって、肺に変じる。その骨格、筋肉系、消化器系、神経系が人間のものに酷似《こくじ》しているため、理科の解剖《かいぼう》サンプルにされるのはカエルの悲劇ではあるが……。カエルがオタマジャクシから成体《せいたい》に変身する姿から「元《もと》初《はじ》まりのお話」を思い浮かべるのは私だけではあるまい。

「どろうみのなかよりしゆごふをしへかけ　それがたん〳〵さかんなるぞや」（おふでさき　三号16）

# ブラジルの蛍は目が光る？

立教164年6月24日号

大蛍《おおほたる》ゆらり〳〵と通りけり（一茶《いっさ》）

江戸後期の俳人《はいじん》・小林一茶は信濃国《しなののくに》（長野県）柏原《かしわばら》の人。家庭的に恵まれず六十五歳で不遇《ふぐう》の人生を終えたが、「我《われ》と来て遊べや親のない雀《すずめ》」「やれ打つな蝿《はえ》が手をすり足をする」「痩蛙《やせがへる》まけるな一茶是《これ》にあり」など、生き物への愛情を巧《たく》みに詠《よ》み込んだ作品が多い。

初夏のころ水辺《みずべ》に淡《あわ》く光りながら飛ぶ蛍の命は短くて、虫かごに入れて飼《か》ってもすぐに死んでしまう。最近は、その蛍を見ることも少なくなった。

奈良市の天理教青少年野外活動センター「さんさいの里」の小川に、蛍を住み着かせようとした人がいた。成虫《せいちゅう》の蛍を雌雄《しゆう》とり交《ま》ぜて放《はな》ってみたがダメ。幼虫《ようちゅう》のエサになるカワニナという小さな巻貝《まきがい》が生息《せいそく》していなかったのだ。そこでカワニナを運んだが、今度はカワニナのエサが無くて失敗したという。

この蛍移住大作戦が成功したか否かは確認していないが知りたいものである。

二十年ほど昔、ブラジルで不思議な話を聞いた。ブラジルの蛍は目の周《まわ》りが光るというのだ。まさかと思い、現地の布教所長の奥さんに尋《たず》ねると、バウルーにいた子どものころ、蛍をつかまえて来ては「自動車ごっこ」をした。蛍の目が自動車のヘッドライトのように光るからだという。それでもまだ信じられないので、帰りの飛行機のスチュワーデスに確かめると、「蛍は目が光るに決まっている。日本の蛍はどこが光るのか？」と逆に尋ねられてしまった。それでも実物《じつぶつ》を見るまでは信じられないのだが……。

ホタルの光は、腹部《ふくぶ》の気管《きかん》から取り入れた酸素《さんそ》が、酵素《こうそ》（ルシフェラーゼ）の働きでルシフェリンという物質と化学反応を起こす生物発光（冷光《れいこう》）だといわれる。よく分からぬ話だが、人間業《にんげんわざ》でないことだけは確かである。

「これからわ神のしゆごとゆうものハ　なみたいていな事でないそや」（おふでさき　六号40）

# 「一般相対性理論」の証明

立教164年7月1日号

去る六月二十一日、南部アフリカで観測された今世紀初の皆既日食《かいきにっしょく》には、ザンビアだけで日本からのチャーター便を含《ふく》め、約二万人もの観光客が訪問したという。たった五分間の天体ショーのためにご苦労さまだが、天候に恵まれ無駄足《むだあし》にならなかったのは幸運だった。

日食とは、月が太陽と地球の間に来て、太陽光線をさえぎる現象《げんしょう》だ。一方《いっぽう》、地球が太陽と月の間に来て太陽の光をさえぎるため、満月《まんげつ》の月面《げつめん》が欠ける現象を月食《げっしょく》という。天文学《てんもんがく》が進歩した今日では、日食も月食も格好《かっこう》の理科教材だが、昔の人はさぞかし驚いたに違いない。それにしても、半径が地球の百九倍もある太陽と、半径が地球の四分の一強しかない月が、地球から見るとほぼ同じ大きさなのは、実に不思議だ。

八十二年前の一九一九年五月二十九日に地球の南半球で起きた皆既日食を

観測するため、イギリスからアフリカのギニアと、ブラジルへ二組の観測隊が派遣《はけん》された。両観測隊の目的は、一九一五年にアルベルト・アインシュタイン博士が発表した「一般相対性理論《いっぱんそうたいせいりろん》」の証明だった。アインシュタインの理論が正しければ、星の光さえも太陽の引力《いんりょく》に引かれて曲がるので、皆既日食時に撮影《さつえい》された星の位置が、本来の星の位置よりも太陽から離れた位置に見えるというもの。この日の観測は好天に恵まれ、アインシュタインの理論の正しさが証明されたのであった。近年は、ハッブル宇宙望遠鏡などによる宇宙観測が盛《さか》んだが、大宇宙の神秘さには驚かされるばかりである。

「親神は、人間世界の根元《もと》にていまし、この世を創《はじ》められたばかりでなく、この世の有りとあらゆるもの、悉《ことごと》く、その守護によらぬものとてはない」「天では月日と現れ、さやけくも温かい光をもって、余《あま》すくまなく、一れつにこの世を照らされる」(『天理教教典』第四章)

# 宇宙論はあくまで仮説

立教164年7月8日号

今年も早いもので半年が過ぎ、七夕《たなばた》のころとなった。

「七夕」を「たなばた」と訓《よ》むのは、日本で七夕伝説の「牽《けん》牛《ぎゅう》」を「彦《ひこ》（男）星《ほし》」、「織女《しょくじょ》」を「たなばたつめ（棚機《たなばた》を織《お》る女）」と呼んだことに由来《ゆらい》するらしい。ただ、七月七日のころは梅雨《つゆ》の最中なので、年に一度の逢瀬《おうせ》が流れがちなご両人にはお気の毒。

織女星は北天高く天《あま》の川《がわ》の西側に青く輝く琴座《ことざ》の一等星ベガで、牽牛星は天の川を隔《へだ》てた南東の方角に輝く鷲座《わしざ》の一等星アルタイルだ。ちなみに地球からの距離は、ベガが約二十六光年、アルタイルが十六光年。光が一年間に進む距離、一光年が約九兆四千八百億キロメートルで、地球から容易に見ることのできる最も遠い星までの距離は約五千光年だから、この夫婦星《めおとぼし》は割り合い近くに住んでいることになる？　とにかく宇宙は広いのである。

宇宙がどれくらい広いかは、実はよく分からないのだが、理論的には地球から百億光年以上離れた星の光は届かないことになっているので、その辺《あた》りが宇宙の果《は》てとなろうか。ならば、その宇宙はいつごろ誕生したかというと、現在の宇宙論ではさまざまな観測と計算から、百二十億年～百三十五億年以前のビッグバン（宇宙のはじめに起こった大爆発）によると考えられている。

科学とは、物事を観察し、理論を立て、その証拠《しんかろん》（実験的事実）を示すことにより発達してきた。ところが、この宇宙論と進化論だけは、他の自然科学と異《こと》なり、実験不可能の分野《ぶんや》を扱《あつか》う。そして、その理論は人々に知的満足は与えても、物理学・化学・生物学などのように、人間の実生活に役立つことはないのである。私には、現代の宇宙論はあくまでも仮説《かせつ》であって、広大無辺《むへん》の宇宙の創造《そうぞう》は、親神様の御業《みわざ》によるものとしか思えないのだが。

「月日よりしんぢつをもいついたるわ　なんとせかいをはじめかけたら」

（おふでさき　六号81）

# セイタカアワダチソウとペスト

立教164年7月15日号

夏草に汽罐車《きかんしゃ》の車輪《しゃりん》来て止まる（誓子《せいし》）

ローカル鉄道の軌道《きどう》。赤茶《あかちゃ》けた砕石《さいせき》と枕木《まくらぎ》の間からたくましく生《お》い茂《しげ》る夏草。そこへ熱い蒸気を吹きつけながら巨大な機関車の車輪が来て止まる。子どものころ、丹波市《たんばいち》駅（現天理駅）の近くで見た記憶がある。

毎年七月前半に行われている大阪教区の「総出《そうで》ひのきしん」には、ずいぶん以前、会場が大阪城森林公園だったころから家族揃《そろ》って参加してきた。最近は花博《はなはく》記念公園に会場が移ったが、全身に汗して、草いきれの熱気の中で雑草と格闘《かくとう》するのは結構楽しいものだ。

草引きで難儀《なんぎ》するのはセイタカアワダチソウだ。これは北アメリカからの帰化《きか》植物で、高さが一～二メートルにもなる。地下茎《ちかけい》が地中を這《は》っているから、太いのになると、一本引き抜くのも大仕事である。それが一時は在来《ざいらい》の植物をほろぼす勢いで繁殖《はんしょく》した。何年もの間、花粉症《かふんしょう》の主な原因と思われて問題視《もんだいし》されたが、害のないことが分かったころから、どういう訳《わけ》か少なくなって、最近ではそれほど目立たなくなった。

ペスト（黒死病《こくしびょう》）は、ペスト菌《きん》をもったネズミのノミからうつる、きわめて致死率《ちしりつ》の高い伝染病で、中世以来たびたび流行してきた。伝染力は強く、あっという間に広がって、一つの町が滅んでしまうことさえあった。中でも一三四七年から五一年にかけて大流行したペストによって、ヨーロッパの人口は四分の三にまで激減《げきげん》したという。ところが公衆衛生《こうしゅうえいせい》などの予防医学《よぼういがく》が進んでいない時代であったにもかかわらず、そこでペストの流行は自然に終わったのである。この世には、いまだ人間には分からない不思議な自然の摂理《せつり》が働いているとしか思えない。

「このところなにをするにもとのよふな　事をするのもみな月日なり」（おふでさき　十一号73）

# 人体の内なる海

立教164年7月22日号

関西地方では昨年より数日早く梅雨《つゆ》が明けたようだ。

いよいよ本格的な夏の到来《とうらい》だが、西日本では毎年のように、梅雨の末期《まっき》には集中豪雨《しゅうちゅうごうう》が発生《はっせい》して、洪水《こうずい》や崖崩《がけくず》れなどの被害が出るので、油断《ゆだん》は禁物《きんもつ》である。

連日三〇℃を超える真夏日《まなつび》が続くと、水が恋しくなる。最近は海水浴気分《きぶん》が味わえる清潔《せいけつ》で安全なレジャー用プールも増えたが、やはり子どもたちは本物の海にあこがれる。どうやら人間は本能的《ほんのうてき》に海を恋しがるものらしい。

動物の体内《たいない》にある液体成分《えきたいせいぶん》を「体液《たいえき》」といい、血液、リンパ液、組織液《そしきえき》に分けられる。体液は、成人男性では体重の約六〇パーセント、成人女性では体重の約五五パーセントを占《し》めるが、濃度《のうど》は海水より低いものの、その成分《せいぶん》組成《そせい》はナトリウムと塩素《えんそ》が主《おも》で、海水ときわめて似ている。そこで生物は海から発生《はっせい》したに違いない、という説が一般に広く信じられている。つまり、われわれ人間も海中で発生した名残《なごり》の体液を「内なる海」として持っているというわけだ。

今日では、海水浴といえば、避暑《ひしょ》やレクリエーションなどが主目的《しゅもくてき》だが、鎌倉幕府《かまくらばくふ》が編纂《へんさん》した『吾妻鏡《あづまかがみ》』には、三代将軍《しょうぐん》・源実朝《みなもとのさねとも》が鎌倉の海に入って病気を治療《ちりょう》したことが紹介《しょうかい》されている。海水浴が立派《りっぱ》な医療行為として認められていた時代もあったのである。アセモなど簡単な皮膚病《ひふびょう》なら、海水につかっただけで完治《かんち》した経験をもっている人も多いだろう。

太陽と月と地球が一直線に並ぶ満月《まんげつ》か新月《しんげつ》の夜、つまり大潮《おおしお》の夜に、突如《とつじょ》として海中のサンゴが無数の卵を産卵《さんらん》することも、生命と海との深い関係を暗示《あんじ》しているようだ。

「九億九万年は水中《すいちゅう》の住居《すまい》、六千年は智慧《ちえ》の仕込《しこ》み、三千九百九十九年は文字の仕込みと仰《おお》せられる」（『天理教教典』第三章）

## カミナリは自動車の中が安全

立教164年7月29日号

毎年、真夏《まなつ》の親里《おやさと》で行われる「こどもおぢばがえり」。そのハイライトは、本部夕づとめ後の「おやさとパレード」だが、屋外《おくがい》行事なので夕立《ゆうだち》が心配の種だ。関係者は天気予報を聞き、天候が移ってくる大阪地方の情報を集め、雲の流れを読みながら、実行の可否《かひ》を決める。この気苦労《きぐろう》も大変である。

夕方に激《はげ》しく降《ふ》る夕立《ゆうだち》は、発達した積乱雲《せきらんうん》（入道雲《にゅうどうぐも》）によって起こり、雷《かみなり》を伴《ともな》うことが多い。積乱雲は、雲の底（雲底《うんてい》）は二キロメートルより低く、雲の頂き（雲頂《うんちょう》）は十三キロメートル以上にもなる。だいたい高度五キロメートルで気温はマイナス二〇℃となり、このあたりから上の雲は氷晶《ひょうしょう》（氷の結《けっ》晶《しょう》）から出来ているそうだ。

予期《よき》せぬ夕立の雨に濡《ぬ》れてしまったら……。真夏でも強い雨が降ると、気

温は急激《きゅうげき》に低下し、雨も思っている以上に冷たい。体が濡れると体温が大きく奪《うば》われるので、冷たいものを飲ませるのは禁物《きんもつ》だ。体をよく拭《ふ》いて、温かいお茶を飲ませるのがよい。

雷は、雷雲《らいうん》で発生《はっせい》した電荷《でんか》（電気現象《げんしょう》の根元《こんげん》となる実体《じったい》）が蓄積《ちくせき》され、地面との間や雲の中で放電《ほうでん》される現象。そのエネルギーは数千万ボルトにも達するので、人体《じんたい》に直接落雷《らくらい》すると死亡することがある。「高い木の下に避難《ひなん》すれば安全」というのは正しくなく、かえって危険。自動車の中に逃げるのが安全だ。「雷鳴《らいめい》が鳴らないと落雷は生じない」というのも正しくなく、落雷の四〇パーセントは雷鳴の前に発生するという。

期間中の受け入れと引率《いんそつ》に当たる人々の苦労は並大抵《なみたいてい》ではないが、今年も人々の真心《まごころ》の価《あたい》によって、有意義《ゆういぎ》な「子どもの祭典」をご守護いただきたい。

「さあ〳〵実《じつ》を買うのやで。価《あたい》を以《もっ》て実を買うのやで」（おさしづ　明治二〇・一・一三）

# ハエと便所掃除

立教164年8月5日号

やれ打つな蝿《はえ》が手をすり足をする（一茶《いっさ》）

「五月蝿い」と書いて「うるさい」と訓《よ》むが、八月のハエもウルサイ。ところが、最近ではハエの姿《すがた》を見ることが少なくなった。今年高校二年生の三女が小学生のとき、食堂へ飛び込んできたハエを見て、「お父ちゃん、この虫ってなに？」と尋《たず》ねたのには驚いた。前出《ぜんしゅつ》の句の意味を若い人に説明するのも難《むずか》しい時代になったのかもしれない。

ハエの卵《たまご》は、盛夏《せいか》には一日でウジになり、二週間ほどで成虫《せいちゅう》になる。人家《じんか》にやって来るのはクロバエの仲間だ。中でもキンバエ（ギンバエ）は体が大きく、光沢《こうたく》のある青緑色《あおみどりいろ》をしているから、特に気持ちが悪い。ハエが手足をこすり合わせて哀《あわ》れみを請《こ》うような動作《どうさ》をするのは、目や羽などについたゴミを取っているそうだが、腸チフス、コレラ、赤痢《せきり》などの病気を媒介《ばいかい》するので、ゴキブリと同じく同居《どうきょ》したくない昆虫である。

私は天理小学校に通わせていただいたが、上級生になって一番イヤだったのは、下級生が使った便所の掃除当番だった。特に便器の外にハエがたかって山盛《やまも》りになった大便の掃除には嘔吐感《おうとかん》を覚《おぼ》えたものだが、今となっては懐《なつ》かしい思い出である。良い経験をさせていただいたと感謝している。

明治十七年三月、奈良監獄署《かんごくしょ》へご苦労くだされた教祖《おやさま》とともに十日間入牢拘禁《にゅうろうこうきん》された鴻田忠三郎《こうだちゅうざぶろう》氏は、獄吏《ごくり》から便所掃除を命ぜられた。便所掃除を終《お》えて、教祖の御前《おんまえ》にもどった鴻田氏に、教祖は、「どんな辛《つら》い事や嫌《いや》な事でも、結構《けっこう》と思うてすれば、天に届く理、神様受け取り下さる理は、結構に変えて下さる。なれども、えらい仕事、しんどい仕事を何《な》んぼしても、ああ辛いなあ、ああ嫌やなあ、と、不足《ふそく》々々でしては、天に届く理は不足になるのやで」（教祖伝逸話篇一四四）と、お諭《さと》しくだされた。

# 絶妙な地球大気の組成

立教164年8月12日号

「こどもおぢばがえり」のプログラムとして、山の中腹《ちゅうふく》の小川のほとりでバーベキューをした。食事を終《お》え、カマドでゴミを燃やしていると、子どもたちが見物に来て、自分たちにもさせろと言う。団扇《うちわ》を渡して、どうするのか見ていると、火の上からバタバタあおぐので、煙《けむり》ばかりが出て火は燃え上がらない。「どうして火が燃えるのか知ってるか?」と尋《たず》ねると、「知らん」。小学校の低学年には当然の答えだ。「空気の中には酸素《さんそ》というものがある。モノに火をつけると、酸素と一緒になって燃える。だから、火を燃やすときには、下からウチワで空気を送り込んで酸素を入れるんだ」と教えたが、きっと分からなかっただろう。

子どもたちに説明をしながら、ふと、なぜ空気の組成《そせい》は「酸素約二一パー

セント、窒素《ちっそ》約七八パーセント、アルゴン約一パーセント、二酸化炭素《にさんかたんそ》約〇・〇三パーセント」になっているのか、と考えた。硬《かた》い鉄でも繊維状《せんいじょう》にすると大気中《たいきちゅう》で燃えるが、これを酸素のビンに入れると激《はげ》しく燃え上がる、という実験をした人もいるだろう。もし酸素の割合が格段《かくだん》に大きければ、自然発《はっ》火《か》による山火事は頻発《ひんぱつ》し、火事が心配で家を空《あ》けることすらできまい。

酸素は生き物にとって不可欠《ふかけつ》だが、海面での標準大気圧《ひょうじゅんたいきあつ》（一気圧）なら生活に支障《ししょう》はない。しかし、空気の密度《みつど》は高度五千メートルで約半分になり、酸素も約半分になって、大抵《たいてい》の人は酸素欠乏《けつぼう》による高山病《こうざんびょう》になってしまう。つまり、われわれは親神様から、暮らすに最適《さいてき》な絶妙《ぜつみょう》の状態《じょうたい》にコントロールされた環境《かんきょう》を与えられているのだ。

「この世に生《うま》れさせて頂き、日々結構《にちにちけっこう》に生活《くら》しているのも、天地《てんち》抱《だ》き合《あわ》せの、親神の温かい懐《ふところ》で、絶《た》えず育《はぐく》まれているからである」（『天理教教典』第七章）

# 不可思議な「ムーアの法則」

立教164年8月19日号

先日パソコンショップでコンピューターの拡張《かくちょう》メモリー（内蔵式《ないぞう》補助記憶《ほじょきおく》装置《そうち》）を買って、あまりの安さに驚いた。

コンピューターを使い始めて、かれこれ八年になるが、最初に購入した拡張メモリーは、わずか四メガバイトで、先日求めたのは一二八メガバイト。それがほとんど同じ価格《かかく》だったから、容量当たりの価格はなんと約三十二分の一だ。なんたる価格破壊《かかくはかい》。すでにデフレは始まっているのだろうか。

コンピューターの中央演算処理装置《えんざんしょりそうち》（ＣＰＵ）製造の最大手《さいおおて》・インテル社の創始者《そうししゃ》の一人であるゴードン・ムーアは、一九六〇年代に「コンピューターが蓄積《ちくせき》できる情報量《じょうほうりょう》（メモリー）は二年ごとに二倍に増加する」と予言した。いわゆる「ムーアの法則」だ。

もっとも、これはニュートン力学《りきがく》の法則のように実証可能《じっしょうかのう》な自然の法則ではなく、単なる観察結果から提唱《ていしょう》されたものだが、ここ十年間のコンピューター技術は、ほぼ「ムーアの法則」にしたがって進歩してきた。これでは六年前のパソコンは、今の新製品の八分の一の機能しか持っていないわけだ。

それなら、六年前の機械はゴミなのだろうか。私は、決してそうではなく、最適《さいてき》の入門機《にゅうもんき》だと思う。六年前の機種《きしゅ》でも、ワープロ、年賀状、家計簿、表計算、住所録の程度なら十分《じゅうぶん》こなせる。最近はテレビを捨てるのにも費用のいる時代だから、押《お》し入《い》れの肥《こ》やしになっている中古パソコンも多いはず。これからコンピューターを始める人は、無料で入門機をゆずってもらえるわけだ。

大阪で熱心におたすけに回《まわ》っていた泉田藤吉《いずみたとうきち》氏が、おぢばが恋しくなって帰ったところ、教祖《おやさま》は膝《ひざ》の上で小さな皺紙《しわがみ》を伸《の》ばしておられ、「こんな皺紙でも、やんわり伸《の》ばしたら、綺麗《きれい》になって、又《また》使えるのや。何一つ要《い》らんというものはない」（教祖伝逸話篇六四）と諭《さと》された。

# まさ奥様　安らかにお休みください

立教164年8月26日号

去る八月十五日午後二時四十分、前真柱《ぜんしんばしら》様の奥様であらせられる中山まさ奥様が、御歳《おんとし》六十五歳で出直《でなお》されました。六月のご本部月次祭《つきなみさい》には、前真柱様と共に、かぐらづとめを勤めてくださされましたが、その直後から体調《たいちょう》をくずされて、床《とこ》に臥《ふ》されたとのこと。七月三日にご本部から、まさ奥様のお身《み》上《じょう》が思わしくない旨《むね》のご通知を頂いた時は、青天《せいてん》に霹靂《へきれき》を聞く思いでした。以後、教会でもお願いづとめを繰《く》り返《かえ》し、一日も早いご平癒《へいゆ》をお願い申しておりましたが、こんなにも早くお出直しされるとは、残念至極《ざんねんしごく》です。

きっと、まさ奥様には重いご病状《びょうじょう》の中を、親里《おやさと》での「こどもおぢばがえり」が無事《ぶじ》に終わり、学生生徒修養会・高校の部が終了するまで、精神力で持ちこたえてくだされたのでしょう。

ちょうど三十年前、青年会本部のご用《よう》をさせていただくようになってから、たびたび奥様の謦咳《けいがい》に接する機会を得ました。ある時は優しく諭《さと》され、ある時は懇切《こんせつ》なご注意を頂きました。

わけても、私《わたくし》どものごく個人的な事柄《ことがら》で、お宅におられた奥様にご面会をお願いした折《おり》、私たち夫婦の話を終始《しゅうし》にこやかに聞いてくだされた上で、心からなる励《はげ》ましのお言葉を頂戴《ちょうだい》したことは、生涯《しょうがい》忘れません。

お出直しの翌日、家族の者と共に、奥様とのお別れにお宅へ参じました。ご長男であらせられる真柱様に見守られながら、床についておられた奥様のお顔は、ご生前中《せいぜんちゅう》と少しも変わらず、微《かす》かに笑《え》みさえ含《ふく》んでおられるような、美しいお顔でございました。

長らく真柱夫人として、また、お出直しまで天理教婦人会長として、重い責務《せきむ》をまっとうしてくだされた奥様の、あの慈愛《じあい》あふれる笑顔《えがお》を拝することはできなくなりました。長い間ほんとうにありがとうございました。安らかにお休みください。

# さそり座と西洋占星術

立教164年9月2日号

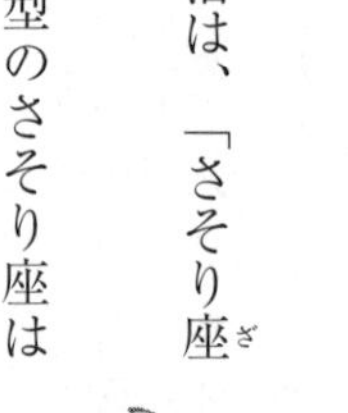

「雨ニモマケズ……」の詩で名高《なだか》い宮沢賢治《みやざわけんじ》は、「さそり座《ざ》は星空《ほしぞら》の最大傑作《けっさく》ですよ」と語ったそうだ。

夏の終わりの日暮れごろに南中《なんちゅう》するS字型のさそり座は「黄道《こうどう》十二星座《せいざ》」の一つ。ギリシャ神話で、巨人の狩人《かりうど》オリオンの命を奪ったサソリの姿に表される。サソリの心臓部《しんぞうぶ》には、赤色超巨星《せきしょくちょうきょせい》アンタレス（火星＝アレスに対抗《たいこう》するもの）が輝《かがや》く。

「蛇蠍《だかつ》のごとく」と、昔からヘビとともに嫌《きら》われ者の代表とされたサソリも、日本では小型で毒性《どくせい》の弱いものが生息《せいそく》するだけで、刺《さ》されても命に別状《べつじょう》はない。ただし、アフリカやメキシコに分布《ぶんぷ》するサソリには猛毒《もうどく》をもつものが多く、要注意だ。サソリから逃げ回るために、オリオンが冬の星座になったというのは、ご愛嬌《あいきょう》だろう。

西洋の占星術《せんせいじゅつ》では、誕生日が十月二十四日から十一月二十一日までの人は、さそり座生まれで、元気で情熱にあふれ、読みが深い。また勘《かん》がするどく、意思も強いが、頑固《がんこ》ですぐに嫉妬《しっと》するとか。占星術は血液型《けつえきがた》と同様《どうよう》、全く根拠《こんきょ》のない見立《みた》てだが、案外《あんがい》と気にする人が多い。以前ある女性に縁談《えんだん》を勧めたところ、男性の写真を見て、誕生日と血液型を聞いただけで乗り気になり、その後めでたくゴールインしたのには驚いた。こういうのを「嘘《うそ》から出たまこと」「瓢箪《ひょうたん》から駒《こま》が出た」というのだろうか。

天理教のおたすけは、拝《おが》み祈祷《きとう》・易占《えきうらな》い判断《はんだん》などとは縁遠《えんどお》い。この世の元《もと》初《はじ》まりから説かれ、人間の真実たすかる道へと導《みちび》いてくださされるのである。

「たすけでもをかみきとふでいくてなし　うかがいたてゝいくでなけれど」

「このところよろつの事をときゝかす　神いちじよでむねのうちより」

「わかるよふむねのうちよりしやんせよ　人たすけたらわがみたすかる」

（おふでさき　三号45〜47）

# 見えないものは働きで知る

立教164年9月9日号

今年の夏は記録的な猛暑《もうしょ》が続いたが、九月に入ると朝夕はめっきり涼《すず》しくなった。忍《しの》び寄《よ》る秋を感じるこのごろ、九月七日は「白露《はくろ》」である。ちなみに「白露とは、白く光って見える露《つゆ》。白とは、太陽の光線をあらゆる波長《はちょう》にわたって一様《いちよう》に反射《はんしゃ》することによって見える色」と、『広辞苑《こうじえん》』にはある。

地球上のすべての生命体《せいめいたい》は、太陽の光と熱の恩恵《おんけい》に浴《よく》している。太陽の表面温度は約六千℃だが、中心では約千五〇〇万℃の高温になっているそうだ。太陽が長期間、安定して莫大《ばくだい》なエネルギーを生み出すのは、中心部で水素の原子核《げんしかく》同士が融合《ゆうごう》してヘリウムの原子核に変わる核融合反応《かくゆうごうはんのう》が起きているからで、太陽はあと五十億年は輝《かがや》き続けると予想されている。

宇宙からは波長の短い順に、ガンマ線《せん》・X線《えっくすせん》・紫外線《しがいせん》・可視光線《かしこうせん》・赤外《せきがい》線《せん》・マイクロ波《は》・電波《でんぱ》と、さまざまな電磁波《でんじは》が降《ふ》り注《そそ》いでいる。現在では、太陽の光も電磁波の一種で、その中で人間の目に見えるのは可視光線だけだということが分かってきた。

一方《いっぽう》、X線はレントゲン写真、紫外線は殺菌燈《さっきんとう》、赤外線はコタツ、マイクロ波は電子《でんし》レンジ、電波は通信《つうしん》にと、身近《みぢか》な分野《ぶんや》で利用されているが、人間にとって最もありがたいのが可視光線であることに変わりはない。

かつて孫娘が幼稚園児のとき「おじいちゃん。神様は目に見えないけれど、はたらいておられるの?」と聞くので、「そうだよ」と答えると、「ふーん。神様って電気みたいやね」。そこで「じじ馬鹿《ばか》」は「この子は、ひょっとしたら天才かも?」と思った。目に見えないものは「検出器《けんしゅつき》」を通して存在《そんざい》を知ることができる。目に見えない親神様のお働きは、信仰生活を通して見せていただける。

「いまゝでハがくもんなぞとゆうたとて　みゑてない事さらにしろまい」

(おふでさき　四号88)

# 栄養満点のテールスープ

立教164年9月16日号

春夏秋冬《しゅんかしゅうとう》、季節の変わり目は天候不順《てんこうふじゅん》となるようで、涼《すず》しかったり暑かったり、長雨《ながあめ》が続いたりの昨今《さっこん》だ。お陰《かげ》で季節はずれの風邪《かぜ》をひいてしまった。熱はないのだが、ノドの奥が痒《かゆ》くて咳《せき》が出る。

ふと韓国籍《かんこくせき》の奥さんが「ウチでは、家族の誰かが風邪気味《ぎみ》になると、テールスープを作るのですよ」と話してくれたのを思い出した。

近所の肉屋で、牛の尻尾《しっぽ》を一キログラムほど買った。百グラムが百円ほどだが、その約半分は骨だ。①まず、大きな鍋に水を張って、尻尾のブロックを煮立《にた》てる　②沸騰《ふっとう》したところで火からおろし、お湯を全部捨てる　③ブロックをきれいに水洗いして、大きなブロックに付いている余分《よぶん》な脂肪《しぼう》はナイフで取り除《のぞ》く　④次に、水をいっぱいに張った鍋に、ブロックと固形《こけい》のコンソメスープ二～三個を入れて、時々アクをすくいながら、とろ火でひたすら煮る　⑤およそ八時間も煮て、塩コショウで味を調《ととの》え、きざみネギを入れると、栄養満点《えいようまんてん》のテールスープが出来上がる。

ひきかけの風邪には、このスープの方が薬局の風邪薬《かぜぐすり》よりよく効くし、何よりも美味《びみ》である。一度試《ため》していただきたい。ただし、テールスープの秘密は、骨の髄《ずい》からにじみ出るゼラチンエキスを充分《じゅうぶん》に引き出すことにあるから、時間を節約《せつやく》しようと圧力鍋《あつりょくなべ》などを使ってはならない。肉がやわらかくなるだけで、テールスープ本来《ほんらい》の味が出ないことは、私が実験済《じっけんず》みである。

世はスピード時代であるが、コツコツと時間をかけなければならないものがあることを、テールスープは教えてくれる。信仰も同じだと思う。

「ひながたの道より道が無いで。何程《なにほど》急《せ》いたとて急《いそ》いだとていかせんで。ひながたの道より道無いで」(おさしづ　明治二二・一一・七)

# 史上最悪の同時多発テロ

立教164年9月23日号

九月十一日朝、アメリカ・ニューヨークの世界貿易センタービルの南北両棟（各百十階建《かいだて》・四三〇メートル）へ二機の民間旅客機《りょかくき》が相次《あいつ》いで突入《とつにゅう》、爆《ばく》発炎上《はつえんじょう》し、両棟とも完全に崩壊《ほうかい》した。相前後《あいぜんご》して、ワシントン郊外《こうがい》の米国防《べいこくぼう》総省《そうしょう》へも旅客機が突っ込み、ペンシルバニア州ピッツバーグでは旅客機が墜《つい》落《らく》したが、いずれもハイジャックされていた。この史上最悪の同時多発《どうじたはつ》テロにより、旅客機四機の乗客乗員《じょうきゃくじょういん》二百六十六人をはじめ、ニューヨークとワシントンでの犠牲者《ぎせいしゃ》は数千人に上ると推定《すいてい》されている。

現地では夜《よ》を徹《てっ》して懸命《けんめい》の救助活動が続けられているが、この無差別《むさべつ》テロに対し、米議会は「犯行グループに対し軍事力行使《ぐんじりょくこうし》による報復《ほうふく》を行うこと」を承認《しょうにん》した。最悪の場合、首謀者《しゅぼうしゃ》と目《もく》されるビンラディン氏がいるアフガニスタンへ、総攻撃《そうこうげき》が開始されるかもしれない。

政治目的のため広範囲《こうはんい》の人々を無差別に殺戮《さつりく》するテロ行為《こうい》が、なぜ多発《たはつ》するのか。イスラム過激派《かげきは》は「異教徒《いきょうと》との聖戦《せいせん》（ジハード）で死んだ殉教者《じゅんきょうしゃ》は天国で特別の場所を与《あた》えられる」と信じているそうだが、罪もない多くの人々を虐殺《ぎゃくさつ》した者が召《め》されるような天国など、どこにもあるはずがない。

人類は地球上に一種類しかなく、お互《たが》いに話し合う能力を与えられている。なぜ暴挙《ぼうきょ》に出る前に、会話を試《こころ》みようとしなかったのか。残念でならない。

天理教では「人間はみな親神様の子供で兄弟《きょうだい》姉妹なのだ。兄弟姉妹は兄弟姉妹らしくしていかねばならない。高山《たかやま》に暮らしている者も谷底《たにそこ》に暮らしている者も魂《たましい》は同じで、その体は親神様からお借りしているのである。人間がこの真実を知らないことが残念である。この真実を世界中へ承知《しょうち》をさせたなら謀反《むほん》の根は切れてしまう」（おふでさき　十三号43～51参照）と教えられている。

# 世界の事情の治まりを祈ろう

立教164年9月30日号

同時多発《どうじたはつ》テロから十日以上たつのに、ニューヨークでは数千人と推定《すいてい》される犠牲者《ぎせいしゃ》がいまだ瓦礫《がれき》に埋《うず》もれたままだ。

新聞報道によると、米国はこの悲惨《ひさん》きわまりない無差別《むさべつ》テロへの報復《ほうふく》のため、イスラム過激派《かげきは》のビンラディン氏を庇護《ひご》するアフガニスタンへの軍事攻撃《ぐんじこうげき》の準備を進めているそうだ。

米国のブッシュ大統領《だいとうりょう》は、あろうことか今回の軍事行動を、十一世紀末《せいきまつ》からおよそ二百年間にわたり西欧《せいおう》諸国のキリスト教徒《きょうと》が聖地《せいち》エルサレム奪回《だっかい》のためイスラム教徒と戦った「十字軍《じゅうじぐん》」にたとえ、世界中のひんしゅくを買った。世界には約十二億人ものイスラム教徒がいるとされるが、その大半《たいはん》は穏健派《おんけんは》だ。アフガニスタンの九割を支配するイスラム原理主義勢力《げんりしゅぎせいりょく》「タリバーン」を承認《しょうにん》する国は二カ国しかない。今回のテロは、ほんの一握《ひとにぎ》りの過激派組織が行った暴挙《ぼうきょ》であることを忘れないでほしい。

天理教の「元《もと》の理《り》」によると、人類は親神様から六千年間の「知恵《ちえ》の仕込《しこ》み」と三千九百九十九年間の「文字の仕込み」をいただいて、今日に至《いた》っている。親神様の思召《おぼしめし》を知らなかった人間は争いをこととし、戦争に明け暮れてきた。しかし、今や国際《こくさい》化《か》の時代を迎《むか》え、人類は「いかなる人も国家や民族や宗教の違いにより差別されてはならない」ことを知っている。もし米国の軍事報復により、罪のないイスラム教徒に犠牲者が出れば、テロ組織「アルカイダ」の指導者で「ユダヤ人と十字軍に対するジハード（聖戦《せいせん》）のための世界イスラム戦線」の創設者《そうせつしゃ》・ビンラディン氏の思うツボだ。

私たちは、世界中の人間は血を分けた兄弟姉妹であるという真実を広め、おつとめをつとめて世界の事情の治まりを心から祈ろう。

「はや〳〵と心そろをてしいかりと　つとめするならせかいをさまる」（おふでさき　十四号92）

# 薬になる毒もある

立教164年10月7日号

「赤い花なら曼珠沙華《まんじゅしゃげ》……」の正式の名は彼岸花《ひがんばな》。子どものころ「彼岸花は毒の花」と聞かされていたので、毒々《どくどく》しい気持ちの悪い花だと思っていた。確かに彼岸花の球根《きゅうこん》には、アルカロイド（植物塩基《えんき》）の毒が含《ふく》まれているが、多量《たりょう》のでんぷん質があるので、昔の人は水でよくさらして飢饉《ききん》の際《さい》の非常食《ひじょうしょく》にもしたようだ。

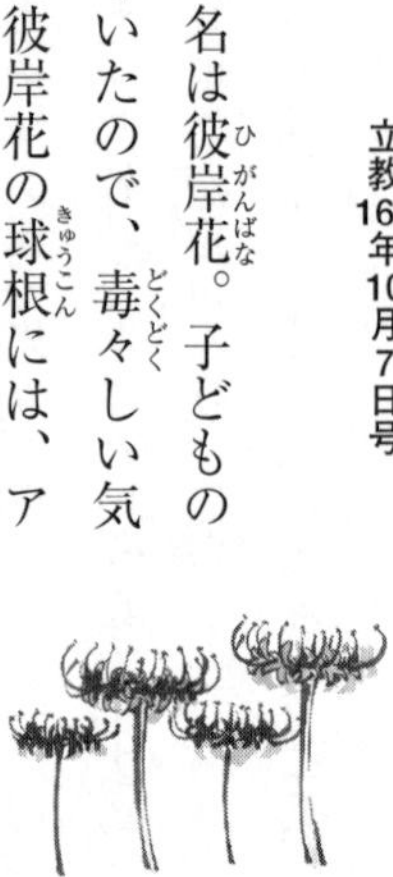

毒物《どくぶつ》などない方が良いと思うが、薬になる毒もあり、猛毒《もうどく》のアコニチンを含《ふく》むトリカブトの根は漢方薬《かんぽうやく》の烏頭《うず》になる。古来、人類は自然物《しぜんぶつ》の中から、病気を治《なお》し老化《ろうか》を防《ふせ》ぐ薬物《やくぶつ》を探した。中国では紀元前二六〇〇年ごろ、神農《しんのう》氏炎帝《しえんてい》が百草《ひゃくそう》を舐《な》めて人々に薬効《やっこう》を教えたというが、よく中毒死しなかったものだ。

ところで、薬の中には、なぜ効《き》くのかよく分からないものが多い。化学合《かがくごう》成《せい》されたアセチルサリチル酸である「アスピリン」の場合、一八九九年にドイツの製薬会社バイエルから発売され、すぐれた解熱鎮痛剤《げねつちんつうざい》として世界中に広まったが、長い間なぜ効《き》くのか分からなかった。一九七一年になって、細菌《さいきん》や白血球《はっけっきゅう》により人間の脳内《のうない》に作られ、体温を上昇《じょうしょう》させる特別なホルモンの分泌《ぶんぴつ》を、アスピリンが抑《おさ》えることが解明《かいめい》され、この仕組《しく》みを発見したジョン・ヴェインは一九八二年にノーベル医学生理学賞《せいりがくしょう》を受賞した。

なお、薬になる毒には半数致死量《はんすうちしりょう》と一回極量《きょくりょう》が定められており、アスピリンの半数致死量は体重一キログラム当たり五〇〇ミリグラムである。

「医者・薬」は人間が陽気ぐらしに至《いた》るまでの「修理《しゅうり》・肥《こえ》」である。正しく医薬《いやく》を用《もち》いた上に、ようぼくが「教えの理」と「おさづけの理」を真剣《しんけん》に取《と》り次《つ》いでこそ、親神様のご守護が頂ける。

「元々《もともと》医者は要《い》らん、薬は呑《の》む事は要らんという事は教《おしえ》には無いで。（中略）手余《てあま》りを救《たす》けるのは誰も何とも言うまい」（おさしづ　明治二三・七・七）

# 狂牛病が日本に上陸

立教164年10月14日

厚生労働省《こうせいろうどうしょう》は、狂牛病対策《きょうぎゅうびょうたいさく》として、牛の脳、脊髄《せきずい》などを使った商品の自《じ》主回収《しゅかいしゅう》を食品メーカーに求めた。牛エキス（抽出物《ちゅうしゅつぶつ》）はコンソメスープ、即《そく》席《せき》めんのスープ、ポテトチップスなどに広く使われており、食品メーカーは産地の調査を急いでいる。

狂牛病は、牛の脳組織《のうそしき》がスポンジ状《じょう》になり、運動失調《しっちょう》などを起こし、死亡する。一九八六年に英国で初めて報告され、一九九六年に英国の保険相《ほけんしょう》が「人間の新変異型《しんへんいがた》クロイツフェルト・ヤコブ病と関係のある可能性がある」と認めたため、EU各国で大問題となり、今年の九月には日本でも一頭の牛が狂牛病と診断《しんだん》された。新変異型クロイツフェルト・ヤコブ病により、すでに英国では八十人以上、フランスで二人の死亡が確認《かくにん》されているが、今のところ日本での発症者《はっしょうしゃ》はゼロだ。

この病気の病原体《びょうげんたい》は、細菌《さいきん》でもウイルスでもなく、体内《たいない》にあるタンパク質が異常化《いじょうか》した異常型プリオンだという。現在のところ、人間や動物の体内に「異常型」のプリオンが入ると、「正常型」が「異常型」に変わっていくと考えられているようだ。人間では歩行困難《ほこうこんなん》から痴《ち》ほうへと進み、死亡する。従来は百万人に一人の珍《めずら》しい病気だったが、日本ではヒト乾燥硬膜《かんそうこうまく》などを経《けい》路《ろ》に五十四人以上の「医原性《いげんせい》（薬害《やくがい》）ヤコブ病」感染者《かんせんしゃ》を出している。現代の医学では治療法はなく、確実に死に至《いた》る病《やまい》だ。

私たちは学校で「病の元《もと》はバイキンから」と習《なら》った。しかし空気や飲み水の中には無数《むすう》の細菌《さいきん》やウイルスがいて、同じ病原体《びょうげんたい》が体内に入っても、病気になる人と、ならない人がいる。恐ろしい病原体は排除《はいじょ》すべきだが、病気になりにくい生き方や暮らし方も大切だろう。

「十ドこのたびあらはれた　やまひのもとハこゝろから」（みかぐらうた　十下り目　10）

## 「不斉合成の研究」とは

立教164年10月21日号

今年のノーベル化学賞を名古屋大学教授の野依良治《のよりりょうじ》氏が受賞することに決まった。日本人としては十人目、化学賞では三人目の快挙《かいきょ》だ。受賞対象となった業績《ぎょうせき》は「不斉合成《ふせいごうせい》の研究」というものだが、そんな研究があることすら知らなかった。

なんでも「不斉合成」が日本で最初に成功した例は、チューインガムや練《ね》り歯磨《はみが》き、たばこなどに使われているメントールで、米国ではパーキンソン病の治療薬《ちりょうやく》の合成にも実用化《じつようか》されているらしい。しかし「不斉合成」の解説《かいせつ》記事を読んであらためて感じたのは、生命は不思議だということである。

本来《ほんらい》は生物が作り出す有機化合物《ゆうきかごうぶつ》には、分子《ぶんし》の構造《こうぞう》が右手と左手のように、構造は全く同じでも、鏡《かがみ》に映《うつ》った像《ぞう》のように逆《ぎゃく》になったタイプのものがあり、「右手系《みぎてけい》」「左手系《ひだりてけい》」と呼ばれている。科学的な性質は同じでも、生物に対する作用《さよう》は大きく異《こと》なり、一方《いっぽう》が薬になれば、一方が毒になったりする。生物は酵素《こうそ》を使ってうまく毒にならない型のものを作るが、人工的《じんこうてき》に合成すると両方が混《ま》じり合《あ》ってしまい、サリドマイド事件のような悲劇も起こった。野依氏の研究は必要な型だけを合成するという画期的《かっきてき》なものだが、実は生物が昔からしていたことなのだ。

かつて有機物《ゆうきぶつ》とは、生命から生み出されるものとされていたが、化学的に有機化合物が合成される時代となった。しかし、体内でアミノ酸を合成し、生物に不可欠《ふかけつ》なタンパク質を作る本家本元《ほんけほんもと》は生命である。人間には、三万種ものタンパク質があるものと見られるが、内容が十分《じゅうぶん》に分かっているものは約二パーセントに過ぎないという。その研究は緒《ちょ》についたばかりである。

科学が進むにつれ、生命の不思議さが浮き彫《ぼ》りになってくる。

「にんけんハみな〳〵神のかしものや　なんとをもふてつこているやら」（おふでさき　三号41）

# 月はなぜ落ちてこない？

立教164年10月28日号

何事もかはりのみ行く世の中におなじかげにてすめる月かな　（西行《さいぎょう》）

今年の十月二十九日は、陰暦《いんれき》九月十三日の「後《あと》の月《つき》」。前月《ぜんげつ》十五夜《や》を祭《まつ》ったあとなので後の月といい、昔は十五夜とともに二度の月といって祭ったそうだ。十五夜の月を見て、十三夜の月を見ないのは「片見月《かたみづき》」として忌《い》んだという。

今年は十月二日の本部神殿奉仕当番の夜、皓々《こうこう》と輝《かがや》く名月《めいげつ》を見せていただいたから、後の月も見なくてはなるまい。

夕づとめの後、お守所《もりしょ》での奉仕待機中に「見事《みごと》な月が出ていますよ」と教えてくれる人がいた。東礼拝場《ひがしらいはいじょう》の濡縁《ぬれえん》から見た満月《まんげつ》は眩《まぶ》しいばかりで、それは太陽の光を反射《はんしゃ》したものだということが信じられないほど、白銀色《しろがねいろ》に冴《さ》え渡っていた。

リンゴは木から落ちてくるのに、月はなぜ落ちてこないのか……と、ニュートンは考えたそうだ。万有引力《ばんゆういんりょく》の法則《ほうそく》を発見しただけでなく、微積分法《びせきぶんほう》の発明や光のスペクトル分析《ぶんせき》など、数学・物理《ぶつり》・天文学《てんもんがく》の分野《ぶんや》に卓越《たくえつ》した業績《ぎょうせき》をのこした偉大《いだい》な科学者の感性《かんせい》は、さすがに一味《ひとあじ》ちがう。

実際は、月も地球に引っ張られて落ちているのだが、月は横へ進んでいるので、真下《ました》には落ちない。それでも地球が丸くなかったら月は地面にぶつかるが、地球は丸いので、月は地球の周《まわ》りを回《まわ》り続けている……らしいのだ。同じような原理《げんり》で、太陽の周りを地球を含《ふく》む九つの惑星《わくせい》と、約五百個の月のような衛星《えいせい》が回る。このように、物体《ぶったい》はみな物理の法則にしたがって運動しているが、人間は親神様の法則（天理《てんり》）にしたがって生きるべきであろう。

「人たすけたら↓我《わ》が身《み》たすかる」、「たった一つの心から↓どんな理も日《にち》々《にち》出る（どのような人生にもなる）」、「親への孝心《こうしん》は↓月日への孝心と受け取る」、「心の障《さわ》り↓身に障り付く」など、みな天理である。

# 王昭君は悲劇の女性なのか

立教164年11月4日号

「天高く馬肥《こ》ゆ」る秋である。ダイエット中のご婦人方には危険な季節だが、古代の漢民族《かんみんぞく》にとっては、彼らが匈奴《きょうど》と呼んだ北方騎馬民族《ほっぽうきばみんぞく》の侵入を警戒すべき時期であった。

秋になり、夏草をたらふく食べた馬が肥えるころになると、決まったように騎馬民族が漢民族の居住地《きょじゅうち》を荒らし回った。かの秦《しん》の始皇帝《しこうてい》でさえ、万里《ばんり》の長城《ちょうじょう》を築《きず》いて匈奴の侵攻《しんこう》に備《そな》えたほどだ。

前漢の元帝《げんてい》の時代、紀元前三三年には王昭君《おうしょうくん》の悲劇が起こっている。

北方から漢に迫《せま》った匈奴の大酋長《だいしゅうちょう》・単于《ぜんう》が、元帝に結婚相手を要求した。元帝は後宮《こうきゅう》の女性の肖像画《しょうぞうが》の中から、一番思わしくない顔を選んで単于の妻としたが、選ばれた王昭君は絶世《ぜっせい》の美女だった。彼女から賄賂《わいろ》が貰《もら》えなかった肖像画家が腹いせにしたことで、引《ひ》き渡《わた》しの場所で顔を見た元帝は「シマッタ」と思ったろうが、後の祭《まつ》り。こうして泣く泣く匈奴の妻にされた王昭君は、砂漠《さばく》地帯で毒を仰《あお》いだとも、黒河《ヘイホー》に身を投げたとも伝えられる。

しかし、彼女は単于の死後は長男の妻となり、幸せな一生を終えたという説もある。こちらの方が正しいのではないか。美貌《びぼう》の上に洗練《せんれん》され、気概《きがい》のある女性である。権謀術数《けんぼうじゅっすう》の渦巻《うずま》く後宮で飼《か》い殺《ごろ》しにされるより、大自然の中で草原の覇者《はしゃ》に愛されて暮らす方が良かったに違いないと思うのだが。

人間至《いた》る所青山《ところせいざん》あり。この道には、教祖《おやさま》の教えを世界に広めるため、住み慣《な》れた地を後《あと》にした、あまたの先輩《せんぱい》たちがいる。

「常々《つねづね》に真実の神様や、教祖や、と言うて、常々の心神《こころ》のさしづを堅《かた》くに守る事ならば、一里行けば一里、二里行けば二里、又《また》三里行けば三里、又十里行けば十里、辺所《へんしょ》へ出て、不意《ふい》に一人で難儀《なんぎ》はさゝぬぞえ。後《あと》とも知れず先《さき》とも知れず、天より神がしっかりと踏《ふ》ん張《ば》りてやる程《ほど》に」(おさしづ　明治二〇・四・三)

# 生命の歴史と文明史

立教164年11月11日

同時多発《どうじたはつ》テロに対する米軍の報復攻撃《ほうふくこうげき》が続き、アフガン難民《なんみん》が急増《きゅうぞう》しているようだ。ブッシュ米大統領《べいだいとうりょう》が言う「新しい形の戦争」では、誤爆《ごばく》による民間人の犠牲《ぎせい》は避《さ》けられないのだろうか。これ以上、多くの人々が殺されないように祈るばかりである。

戦争はいつごろから始まったのだろう。日本で縄文《じょうもん》時代が始まったのは約一万年前といわれる。これは百六十五万年前に始まった最後の氷河期《ひょうがき》が終わったとされるころだ。世界最古《さいこ》の都市文明はメソポタミア（現イラク）で築《きず》かれ、最初の生活共同体《きょうどうたい》の成立《せいりつ》は紀元前六千年と推定《すいてい》されている。約八千年前に人間の共同生活が始まったころから、戦争があったのかもしれない。

放射年代測定法《ほうしゃねんだいそくていほう》によると、最古のバクテリアの微化石《びかせき》（顕微鏡《けんびきょう》で識別《しきべつ》できる化石）が約三十五億年前で、目で見える生物の化石が豊富《ほうふ》に出土《しゅつど》するのは約六億年前のものからだ。最近の古生物学《こせいぶつがく》では、そのころから生物は五度の大絶滅《だいぜつめつ》（ビッグファイブ）を含《ふく》む、種《しゅ》の絶滅を繰《く》り返《かえ》してきたというのが定《てい》説《せつ》である。生命の長い歴史からすれば、人間の文明史《ぶんめいし》など一瞬《いっしゅん》にすぎない。

「元《もと》の理《り》」による、親神様が人間創造《そうぞう》に着手《ちゃくしゅ》された、天保九年をさかのぼる九億九万九千九百九十九年間を、仮《かり》に十億年間とする。その十億年を一年として換算《かんさん》すると、約十一万四千百五十五年が一時間、約千九百三年が一分、約三十二年が一秒となる。つまり、元日に人間創造に取り掛かられて、縄文時代が始まるのは、ようやく次の年が始まる約五分十五秒前なのだ。

親神様から長年《ながねん》はぐくまれ、知恵と文字の仕込みをうけた人類は、もっと賢明《けんめい》になるべきだろう。

「このよふのにんけんハみな神のこや　神のゆう事しかときゝわけ」

「なにゝてもたすけ一ちよであるからに　むほんねへをはやくきりたい」

（おふでさき　三号97・144）

# 動物たちの冬支度

立教164年11月18日号

初《はつ》しぐれ猿《さる》も小蓑《こみの》をほしげなり（芭蕉《ばしょう》）

芭蕉は、俳諧集《はいかいしゅう》「猿蓑《さるみの》」の巻頭《かんとう》にこの句を置いて、集の名とした。

晩秋《ばんしゅう》から冬にかけて、晴れていた空がにわかに曇《くも》り、はらはらと雨が降りかかる。木の梢《こずえ》だけを濡《ぬ》らすと、また青空をのぞかせ、そのうちに、また降《ふ》りつのるような定《さだ》めなき雨が時雨《しぐれ》。立冬《りっとう》後はじめて降る時雨が初時雨《はつしぐれ》で、野山はやがて冬の色に染《そ》まってゆく。旧暦《きゅうれき》の十月は時雨月《しぐれづき》。

今年も冬支度《ふゆじたく》をせねばならない季節になった。寒くて食料の乏《とぼ》しい冬はつらいので、中には冬眠《とうみん》してしまう生き物もいる。

カエルやヘビなどの両生類《りょうせいるい》や爬虫類《はちゅうるい》は、周《まわ》りの気温の低下《ていか》とともに体温《たいおん》が下がり、体を動かすことができなくなる。そのため、冬の間は土中《どちゅう》や岩陰《いわかげ》などに移動して、一種の麻痺《まひ》状態となり、周りの温度の上昇《じょうしょう》とともに活動を開始する（カエル型冬眠）。コウモリやリス、ヤマネなどの哺乳類《ほにゅうるい》の冬眠は、体にたくわえた脂肪《しぼう》を消費《しょうひ》しながら、体温や呼吸数《こきゅうすう》、心拍数《しんぱくすう》を下げてエネルギーを節約《せつやく》する。食物を摂《と》ることはないが、刺激《しげき》を与えると体温が上昇し、すぐに活動を開始する（コウモリ型冬眠）。ヒグマやツキノワグマなどは、深い眠りに入り、冬眠中は体にたくわえた脂肪を消費する。食物を摂らないし排泄《はいせつ》もしないが、眠っているだけなので、起こすと危険だ（クマ型冬眠）。なお、シマリスは冬眠に入る前に地下の巣穴《すあな》に食物をたくわえ、ときどき目ざめては、それを食べて過ごす。シマリスの冬眠は人間の冬ごもりに似ている？

心無い生き物たちでさえ、来《きた》るべき冬に備《そな》えてたくわえをする。人間には、日々に積み重ねる末代《まつだい》への備えが大切だろう。

「人間は一代、一代と思えば何でもない。なれど、尽《つ》した理働《はたら》いた理は、生《しょう》涯末代《がいまつだい》の理である」（おさしづ　明治三七・三・三）

# 鬼作左とアル・カポネ

立教164年11月25日号

「一筆啓上《いっぴつけいじょう》、火の用心、お仙《せん》泣かすな、馬肥《うまこ》やせ」

先日、巡教《じゅんきょう》で訪《おとず》れた福井市にほど近い丸岡城《まるおかじょう》の石碑《せきひ》に刻《きざ》まれているこの一文は、丸岡藩初代藩主《はんしゅ》・本多成重《ほんだなりしげ》が幼少のとき、父の重次《しげつぐ》が陣中から妻にあてた手紙で、最も簡《かん》にして要《よう》を得たものとして有名だ。本多重次（作左衛門《さくざえもん》）は徳川家康《とくがわいえやす》の家臣《かしん》で、鬼作左《おにさくざ》の異名《いみょう》をとった勇猛《ゆうもう》で直情径行《ちょくじょうけいこう》の武将《ぶしょう》だが、妻子《さいし》への愛情も深かったのだろう。

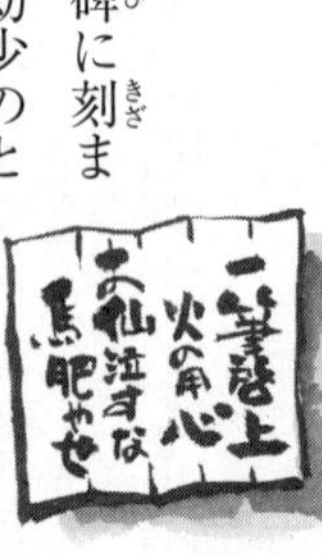


アメリカでは一九二〇年から「禁酒法《きんしゅほう》」という悪法《あくほう》が施行《しこう》されたが、密造《みつぞう》酒《しゅ》の横行《おうこう》と犯罪を助長《じょちょう》しただけで、三三年に廃止《はいし》された。この時代、シカゴの暗黒街《あんこくがい》に君臨《くんりん》したアル・カポネは「闇《やみ》の帝王《ていおう》」とも呼ばれ、直接手をくだした殺人が数十件、暗殺指令《あんさつしれい》は四百件を超《こ》えたとされる。

しかし、その犯罪はなかなか立件《りっけん》できず、ようやく一九三一年に脱税容疑《だつぜいようぎ》で逮捕されたが、その判決は十一年の懲役《ちょうえき》と罰金刑《ばっきんけい》だった。

ところが、刑務所《けいむしょ》でのカポネは模範囚《もはんしゅう》で、あまりにも好《よ》い児《こ》になりすぎたために他の囚人《しゅうじん》の反感《はんかん》を買い、ハサミで刺《さ》されるという事件まで起きたほどだ。カポネがそれほど模範囚に徹《てっ》したのは、早く愛する妻や子どもたちと過ごしたいため。おかげで刑期《けいき》は八年に短縮《たんしゅく》され、仮釈放《かりしゃくほう》された。そのときすでにカポネは梅毒《ばいどく》で体が不自由だったが、余生《よせい》を家族とフロリダの豪邸《ごうてい》で送ったそうだ。

郡山《こおりやま》の初代会長・平野楢蔵《ひらのならぞう》氏は十歳で両親と死別《しべつ》。長じて侠客《きょうかく》の群《む》れに身を投じたが、四時間余《あま》りも絶息《ぜっそく》していたのをご守護いただいて以来、生涯《しょうがい》をたすけ一条に捧《ささ》げた。明治十九年夏、布教のため家業《かぎょう》を廃《はい》し、夫婦で谷底《たにそこ》の生活をしているとき、教祖《おやさま》から「この道は、夫婦の心が台や。夫婦の心の真《しん》実見定《じつみさだ》めた。いかな大木《たいぼく》も、どんな大石も、突き通すという真実、見定めた」（教祖伝逸話篇一八九）と、お言葉を頂戴《ちょうだい》した。

# イノブタとラバは一代雑種

立教164年12月2日号

穏《おだ》やかな小春日和《こはるびより》の一日、部内《ぶない》教会の祭典をつとめたあと、直会《なおらい》でイノブタ鍋《なべ》をご馳走《ちそう》になった。教会の役員さんがイノシシとブタを飼育《しいく》し、イノブタを繁殖《はんしょく》させているという。

イノシシの肉は山鯨《やまくじら》と呼ばれ、牡丹鍋《ぼたんなべ》にして美味《びみ》だが、肉が少し硬《かた》いという難《なん》がある。そこでメスのブタにオスのイノシシを交配《こうはい》させてイノブタを誕生させる。しかし、ブタの方がイノシシより成長が早く、すぐに大きくなるから、交配させるのにも一苦労《ひとくろう》するそうだ。しかも、ブタが相手《あいて》の選《え》り好《ごの》みをするので、なかなか妊娠《にんしん》してくれないという。

「それなら、イノブタをたくさん産《う》ませて、イノブタ同士《どうし》を交配させればいいのに」と言うと、「イノブタ同士では子が産まれないのですよ」と言われた。なるほど、イノブタは一代雑種《いちだいざっしゅ》で不妊《ふにん》なのだ。

動物の異《こと》なる種《しゅ》の間《あいだ》に生まれる子は、たいてい生殖能力《せいしょくのうりょく》に欠けている。たとえばラバは、オスのロバとメスのウマをかけあわせた一代雑種で、両親の長所《ちょうしょ》を併せ持つため広く使役《しえき》に用いられるが、不妊で一代限りだ。なおケッティと呼ばれるオスのウマとメスのロバの一代雑種は、小型で力もない。

一九五九年、西宮市《にしのみや》の阪神パークで、オスのヒョウとメスのライオンの間にレオポンが二頭誕生した。オスのライオンとメスのトラの雑種はライガーで、オスのトラとメスのライオンの雑種はタイゴンらしいが、ややこしい話だ。

生物学的な種とは、本来《ほんらい》の集団内《しゅうだんない》では交配して次世代《じせだい》を生産するが、他の集団とは交配できない一つのグループと定義《ていぎ》されている。人類は、皮膚《ひふ》や髪《かみ》の色などが違っていても、すべて同一の種で、しかも上半身《じょうはんしん》は人で下半身《かはんしん》は馬のケンタウロスのような異種間雑種《いしゅかんざっしゅ》ができないのはありがたいことだ。

「にんけんハみな〳〵神のかしものや　神のぢうよふこれをしらんか」（おふでさき　三号126）

# ギンナンの思い出

立教164年12月9日

親里大路《おやさとおおじ》の歩道に黄色い落葉が散《ち》り敷《し》いて、イチョウ並木《なみき》が霜枯《しもが》れると、おぢばも本格的《ほんかくてき》な冬を迎《むか》える。

イチョウは漢字で「鴨脚樹《おうきゃくじゅ》・銀杏《ぎんなん》・公孫樹《こうそんじゅ》」と書く。

確かにイチョウの葉の形はカモの脚《あし》に似ている。銀杏はイチョウの実だ。公孫樹とは「老木《ろうぼく》でないと実《みの》らず、孫の代に実《みの》る樹《き》」の意味らしいが、いずれも「イチョウ」とは読めそうにない。明治の国語学者・大槻文彦《おおつきふみひこ》は『大言《だいげん》海《かい》』で「鴨脚の字の今の支那音《しなおん》は『やちやお』なり」としている。

イチョウは大気汚染《たいきおせん》、日照不足《にっしょうぶそく》などの都会の悪条件にも強いため、珍《めずら》しい樹木《じゅもく》ではないが、地球上を恐竜《きょうりゅう》が跋扈《ばっこ》していた中生代《ちゅうせいだい》のジュラ紀（約二億五百万年前から約一億三千五百万年前まで）に繁茂《はんも》した「生きている化石《かせき》」らしい。ちなみに、イチョウは雌雄異株《しゆういしゅ》で、「卵《たまご》とじ」や中華料理に入っているギンナンは雌株《めかぶ》にしか実らない。

詰所《つめしょ》から天理小学校へ通《かよ》っていたころ、石炭ボイラーで風呂《ふろ》を沸《わ》かす専門の男性がいた。かなりの変人《へんじん》で、なんとなく恐ろしかった。ある日、そのオッサンがボイラーの焚《た》き口《ぐち》からスコップを入れて焼いたものを、美味《うま》そうに食べている。「ナニ食べてるの？　ボクにも一つちょうだい」と言うと、「こんな美味いもの、お前にやれるか！」と怒鳴《どな》られた。その食べ物はギンナンであった。今でもギンナンを食べるたびに、ボイラーのオッサンを思い出す。

ギンナンには悪臭《あくしゅう》のする肉質《にくしつ》の外種皮《がいしゅひ》があり、かぶれる人もいる。それをきれいに取り除《のぞ》き、食せるようにするまでが一苦労《ひとくろう》。今ではボイラーのオッサンの気持ちも分かるようになった。

お道では「心も尽《つ》くさず身も働かずして金銭をほしがり、分《ぶん》を忘れて良きものを着たがり、良きものを食べたがる」のは「ほしい」の「ほこり」と戒《いまし》められる。

# 卒論と英文タイプ

立教164年12月16日号

皇太子ご夫妻に十二月一日、国民待望《たいぼう》の初めてのお子様がご誕生。今年は国内外に暗いニュースが多かっただけに、称号《しょうごう》は「敬宮《としのみや》」、お名前は「愛子《あいこ》」と命名《めいめい》された内親王殿下《ないしんのうでんか》のご誕生は喜ばしい。お健《すこ》やかなご成長をお祈りしたい。

わが家では内親王ご誕生の祝賀番組を見ながらも、三男は浮かぬ顔をしている。聞けば大学の卒業論文提出《ていしゅつ》の締《し》め切《き》りが迫《せま》っているという。思い返せば三十年以前に、私にもそんな時期があった。

天理大学英米学科の学生だった私の場合、タイプした英文で論文を提出しなければならなかった。日本語の論文の英訳《えいやく》は、先輩や教授が助けてくれた。しかし、タイピングだけは自分でせねばならない。これが苦痛だった。

英文タイプというのは、原稿《げんこう》から目を離《はな》してはいけない。つまり、目を閉《と》じていても指が正確にキーボードを叩《たた》くようになるまで練習しないと、卒論が清書《せいしょ》できないのだ。しかも、当時のタイプライターは完全な手動式《しゅどうしき》で、活《かっ》字《じ》でカーボンテープを打ち抜《ぬ》く仕組《しく》みなので、人《ひと》さし指《ゆび》も小指《こゆび》も同じ強さでキーを叩かないと、字の濃《こ》さがバラバラになってしまう。これをマスターするのに、つらい思いをしながら三カ月かかった。一番イヤだったのは、苦労して練習しても、卒業後には何の役にも立たないだろうということだった。

事実、卒業後十数年間、キーボードに触《さわ》ることがなかった。ところが、三十代も半ばを過ぎて、ワープロなるものに挑戦《ちょうせん》して驚《おどろ》いた。文字を入力《にゅうりょく》するのに、指が勝手に動いてくれるのだ。英語の単語などはすっかり忘れていても、苦労して身につけた技量《ぎりょう》は失われないことを知った。

お道では「徳積《とくつ》み」の大切さが教えられる。

「しんぢつに神のうけとるものだねわ　いつになりてもくさるめわなし」（おふでさき　号外）

# 忘年会の「憶良式」退出法

立教164年12月23日号

今年も忘年会《ぼうねんかい》のシーズンとなった。先日、海外から帰参《きさん》した人から「ボーネンカイとは何ですか?」と尋《たず》ねられた。

「お酒を飲んで、一年間のイヤなことを忘れるんだ。どこでもやっている」と言うと、「日本人にはイヤなことがタクサンあるのですね……」。これにはマイッタ。そこで家に帰って辞書を引くと、「忘年会＝その年の苦労を忘れるために、年末に催《もよお》す宴会《えんかい》」とある。どうやらウソを教えてしまったらしい。こんど会ったら、訂正《ていせい》しておかねばなるまい。

それも「一年間のお互《たが》いの苦労をねぎらって、さわやかな気持ちで新しい年を迎《むか》えるための会合《かいごう》」とでも説明しないと、また誤解《ごかい》されそうだ。

いずれにせよ忘年会は、どうしても酒宴《しゅえん》となりがちだ。愛飲家《あいいんか》にとってはよいが、お酒が飲めない人々にとって、長引《ながび》く忘年会は苦痛であるに違いない。しかも途中《とちゅう》での退席《たいせき》は気が引けるものだろう。

万葉《まんよう》歌人《かじん》の山上憶良《やまのうえのおくら》（六六〇～七三三）は「憶良らは今は罷《まか》らむ子泣くらむ　それその母も我を待つらむぞ」という歌を残して、宴席《えんせき》から逃《のが》れたという。「小さな子供も、その母（自分の妻）も待っているので、中座《ちゅうざ》いたします」という言《い》い訳《わけ》は、千三百年ほど昔には通用《つうよう》したようだ。一度お試しになってはいかが？

なお、昔から男の遊びは「飲む・打つ・買う」と相場《そうば》が決まっているようだが、これも度を超すと大切な家庭が崩壊《ほうかい》してしまう。

「皆《み》んな勇ましてこそ、真《しん》の陽気という。めん〳〵楽しんで、後々《あとあと》の者苦しますようでは、ほんとの陽気とは言えん。めんめん勝手の陽気は、生涯《しょうがい》通れると思たら違うで」（おさしづ　明治三〇・一二・一一）と諭《さと》されている。「後々の者」とは、自分を頼りとする人々のことであろう。

# 平成十四年

# お節会に花咲く笑顔

立教165年1月13日号

教会本部恒例《こうれい》のお節会《せち》は、今年も一月五日から七日まで執《と》り行《おこな》われた。特に、晴天に恵まれた五日と六日は土・日曜日とあって、六つの会場はいずれも午前十時の開場から午後一時の終了時を過ぎても満員の盛況《せいきょう》だった。

お節会の会場へ足を踏み入れた人々の目を、まず驚かせるのは給仕係《きゅうじがかり》の高校生たちの姿だろう。

親里《おやさと》にある三つの高等学校の生徒と、各教区学生会から参加した高校生や大学生たちが、いっぱいの笑顔でかいがいしく食器を整《ととの》え、お餅《もち》とミズナをすすめ、出汁《だし》を注《そそ》いで回る。日本の社会で年々深刻化《しんこくか》する青少年の非行問題とは無縁《むえん》の世界だ。悩み多き世代にある高校生たちが、他の人々に尽くす楽しみを体で感じ、その喜びを素直《すなお》に表現している。

ところで、お節会の雑煮《ぞうに》は、なぜ美味《びみ》なのだろうか。その秘密の一つは、どうやらコンブとカツオと煮干《にぼ》しの出し汁《だじる》にある。

かなり以前、修養科の一期講師《いっきこうし》をつとめた折《おり》に、お節会の準備ひのきしんをした。本部煮炊場《にたきば》の一室にうずたかく積み上げられた煮干しの頭と腹わたを一尾《び》ずつ取り除《のぞ》くのだが、修養科生とともに半日かけて、ほんのわずかしか仕上《しあ》がらなかったのを覚《おぼ》えている。

人目《ひとめ》につかぬ所に、多くの真心《まごころ》が込《こ》められていることを知った。お節会の会場に花咲く高校生たちの笑顔も一朝一夕《いっちょういっせき》に生まれたのではあるまい。信仰あつい親御《おやご》さんたちの姿が眼に浮かぶ。

「若い者寄り来る処厄介《ところやっかい》、世界から見れば厄介。なれど道から厄介ではない。道から十分大切。（中略）年の行かん者我子《わがこ》より大切、そうしたなら、世界からどういう大きい事に成るやら知らん」（おさしづ　明治二六・六・一九）

## タラバガニはヤドカリの仲間

立教165年1月20日号

日《ひ》一日《いちにち》と寒さのつのるこのごろは、鍋料理《なべりょうり》の美味《おい》しい季節だ。

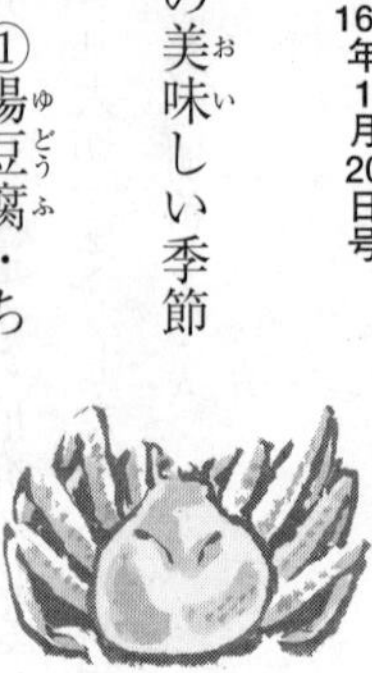

日本の鍋料理は種類が多いが、大別《たいべつ》すると、①湯豆腐《ゆどうふ》・ちり鍋《なべ》・水炊《みずた》きなど、コンブだしで煮《に》てポン酢醤油《ずしょうゆ》や薬味《やくみ》で食べるもの ②寄《よ》せ鍋《なべ》・魚《うお》すき・カニすき・ちゃんこ鍋《なべ》など、うすく味付《あじつ》けした煮汁《にじる》とともに食べるもの ③すき焼《やき》、土手鍋《どてなべ》など、割下《わりした》や合《あ》わせ味噌《みそ》の濃《こ》い味付けで食べるもの、の三種ある。

先日、巡教先《じゅんきょうさき》の教会でカニすきをご馳走《ちそう》になった。隣《となり》の鍋で役員さんが「この間《あいだ》食べたタラバガニは大きなカニでしたな」と話しているのを聞いて、生来《せいらい》の知ったかぶりが頭をもたげた。

「タラバガニはカニではなくて、ヤドカリの仲間ですよ。足の数が違うでしよう」と言って、話の腰を折ってしまった。

ふつう、カニ類のカニには一対のハサミと、四対の歩脚がある。一方、タラバガニは四対目の歩脚が小さくて甲羅《こうら》の陰《かげ》にかくれていることなど、体の構造の相違《そうい》からヤドカリ類に分類《ぶんるい》されている。

ベーリング海やカムチャツカ半島近海《はんとうきんかい》の、タラの漁場《りょうば》で捕獲《ほかく》されるので「タラ場《ば》ガニ」。肉は缶詰《かんづめ》で特に美味《びみ》だし、姿は巨大なカニそのものだから、別にこだわらなくてもよかったのである。

ちなみに、日本では琉球列島《りゅうきゅうれっとう》に住み強力《きょうりょく》なハサミでココヤシの実を割るヤシガニは、大型の陸生《りくせい》ヤドカリ。果《は》たしてどんな味がするのやら？と食いしん坊が考えるのも、体が健康であればこそ。

「いかに己《おの》が力や智慧《ちえ》を頼《たの》んでいても、一旦《いったん》、身上《みじょう》のさわりとなれば、発熱《はつねつ》に苦しみ、悪寒《おかん》に悩み、又、畳《たたみ》一枚が己が住む世界となって、手足一つさえ自由《じゅうよう》かなわぬようにもなる」（『天理教教典』第七章）

# ケイタイを持たない理由

立教165年1月27日号

「物《もの》言えば唇寒《くちびるさむ》し秋の風」というのは、芭蕉《ばしょう》が座右《ざゆう》の銘《めい》とした「人の短《たん》をいふ事なかれ己《おのれ》が長《ちょう》をとく事なかれ」のあとに添《そ》えられている句であるとか。なまじ余計《よけい》なことを言えば、そのために禍《わざわ》いを招《まね》くことがある。冬の風ならなおさら唇が寒かろう。とはいえ、一日中黙《じゅうだま》って過ごすことなど、人間には耐《た》えがたいに違いない。

今や学生生徒諸君《しょくん》の必須《ひっす》アイテムとなったケイタイ電話は、昨年ついにNTTが会社や個人等《など》と契約《けいやく》・設置《せっち》している加入電話《かにゅうでんわ》の数を上回《うわまわ》ったそうだ。列車の中では傍迷惑《はためいわく》で、自動車や自転車を運転中の使用は危険だが、十年前には、道を歩きながら電話で話す時代が来るなど予想もできなかった。

ところが、こんなご時世《じせい》にもケイタイ電話を持っていない人がいる。それは、①信念として持たないか ②電話機を操作《そうさ》する自信がないか ③電話をかけてくる人がいないか、の、いずれかの人だという説がある。

①と②はともかく、③に類《るい》するのはあまりにも寂《さび》しすぎると思うが……。

人間と他の動物との大きな違いの一つは、自分の思いを言葉で相手に伝えられること。親神様は、人間同士《どうし》が心を開いて本音《ほんね》で話し合いながら、陽気ぐらしへ近づけるように、この世と人間を創造《そうぞう》されたのではないだろうか。

天理教では「声《こえ》は肥《こえ》」と教えられる。切《き》り口上《こうじょう》や捨て言葉は、人の心を潰《つぶ》してしまうが、相手を心から思いやる優《やさ》しい言葉、温かい言葉は人を勇ませ、くずおれた人の心さえも蘇《よみがえ》らせる。

「皆《みな》来る者優《やさ》しい言葉掛《か》けてくれ〱。道には言葉掛けてくれば、第一々々やしきには優しい言葉第一。（中略）言葉は道の肥《こえ》、言葉たんのうは道の肥〱」（おさしづ　明治三四・六・一四）。

「言葉たんのう」は「言葉で満足させる」の意味と悟らせていただく。

# 我輩のネコたち

立教165年2月3日号

我輩《わがはい》の家にはネコが二匹いる。一歳違いの母と娘で、名はリリーとポッポという。生後間《せいごま》もないリリーが拾《ひろ》われてから、七、八年にもなるだろうか。メスネコが九〜一〇カ月で成熟《せいじゅく》することを知らずに避妊手術《ひにんしゅじゅつ》を怠《おこた》ったため、一年も経《た》たぬうちに子ネコが四匹も生まれてしまった。うち三匹は京都のペット業者《ぎょうしゃ》に手数料《てすうりょう》を払《はら》って引き取ってもらい、残ったのがポッポである。

ネコ研究家の説によると、紀元前二五〇〇年ごろに、古代エジプト人がアフリカの野生ネコを家畜化《かちくか》し、十四世紀半《なか》ばのヨーロッパでは、ペスト菌《きん》を媒介《ばいかい》するネズミを捕《と》ることからネコの価値《かち》が高まったという。ウチのネコたちがネズミを捕らえたのを見たことはないが、ネズミがいなくなったのは事実だ。

寒さに弱いネコたちは、冬場《ふゆば》は私の寝室兼書斎《しんしつけんしょさい》のコタツで寝ていることが多い。食事とトイレは決まった場所でしてくれるのだが、いつのころからか、二匹とも自分で私の部屋のフスマを開けて出入りするようになった。

ところが、ネコのことだから、いくら言い聞かしても開けたフスマは閉めてくれない。仕事に没頭《ぼっとう》していても、眠っていても、急に部屋が寒くなったと思うと、フスマが十センチほど開いている。仕事も安眠《あんみん》も妨害《ぼうがい》されるが、相手がネコでは致《いた》し方《かた》ないと、あきらめている。

考えてみると「部屋の扉《とびら》が開いていると冷たい風が入ってくる」というような道理《どうり》を理解できるのは人間だけなのだが、私たちは、教祖《おやさま》が五十年間もの長きにわたり、口や筆で説き明かされ、身をもってお示しくださった親神様の思召《おぼしめし》を、どれほど聞き分けているのだろうか?

「いまゝでも神のくときわたん〳〵と　いろ〳〵といてきたるなれとも」

「いかほとにくどいたとてもたれにても　きゝわけがないをやのさんねん」

（おふでさき　十六号48・49）

## 国会でウソをついたのは誰だ　立教165年2月10日号

アフガニスタン復興《ふっこう》支援《しえん》国際会議へのNGO（非政府組織）排除《はいじょ》問題をめぐる外務省の内紛《ないふん》と国会の混乱《こんらん》の責任をとる形で、一月二十九日の深夜、渦中《かちゅう》の田中真紀子《たなかまきこ》外相《がいしょう》、野上義二《のがみよしじ》外務事務次官、鈴木宗男《すずきむねお》衆議院議院運営委員長の三人が辞職《じしょく》することになった。いわゆる「喧嘩両成敗《けんかりょうせいばい》」のようだが、当事者《とうじしゃ》が三人なので「三方一両損《さんぽういちりょうぞん》」と形容《けいよう》した新聞もあった。

「三方一両損」というのは大岡政談《おおおかせいだん》の一つで、講釈種《こうしゃくだね》や落語《らくご》の噺《はなし》となったもの。大工《だいく》の吉五郎《きちごろう》が落とした三両の金を、左官《さかん》の金太郎《きんたろう》が拾《ひろ》って届けたが、吉五郎は受け取らない。そこで大岡越前守《おおおかえちぜんのかみ》が一両足《た》して、両人に二両ずつほうびとして与《あた》え、三者が一両ずつ損をして円満《えんまん》に事を納《おさ》めるよう裁《さば》いたという話。これなら美談《びだん》だが、今回の辞任劇《じにんげき》は、誰がウソをついていたのかをウヤムヤにするための策略《さくりゃく》ではないかとも疑われる。

大正期の小説家・芥川龍之介《あくたがわりゅうのすけ》は『今昔物語《こんじゃくものがたり》』に出典《しゅってん》を仰《あお》いだ短編《たんぺん》「藪《やぶ》の中《なか》」で、一つの事件に対しては、当事者たちの各種各様《かくしゅかくよう》の解釈《かいしゃく》がありうることを描《えが》いた。京都・山科《やましな》の藪の中で、目の前で盗賊《とうぞく》・多襄丸《たじょうまる》に妻を強姦《ごうかん》され、男が殺された。のちに捕《と》らえられた盗賊も、清水寺《きよみずでら》で懺悔《ざんげ》した妻も、殺したのは自分だと告白《こくはく》する。殺されたはずの男の死霊《しりょう》は巫女《みこ》の口を借りて、自害《じがい》したのだと語《かた》る。真相《しんそう》は永遠《えいえん》に「藪の中」だ。

この小説では、作者の懐疑的《かいぎてき》な人生観《じんせいかん》が語られているようだが、このたびの一件では、選良《せんりょう》たる三者のいずれかが日本唯一《ゆいいつ》の立法機関《りっぽうきかん》たる国会で堂々とウソをついた。そして真実は、やがて「藪の中」で朽《く》ちてゆくのだろうか。

ウソが罷《まか》り通るのは悲しい。

「月日にハうそとついしよこれきらい　このさきなるわ月日しりぞく」（おふでさき　十二号113）

# 「世界平和のための祈りの日」 立教165年2月17日号

ローマ教皇《きょうこう》のヨハネ・パウロ二世が世界の十二の宗教に呼びかけ、一月二十四日、イタリアにあるカトリックの聖地・アッシジで催《もよお》された「世界平和のための祈《いの》りの日」には、天理教から中田善亮《なかたぜんすけ》・内統領室次長《うちとうりょうしつじちょう》以下四人が出席。二十三日には、バチカンにおいて中田次長が「平和への提言《ていげん》」を行った。

席上《せきじょう》、中田次長は天理教の教えをアピールして、「世界中の人々が、わがことだけでなく他者《たしゃ》を思い、世界を思い、誠意《せいい》を持って心の対話《たいわ》を続けていけるよう」「私たちは大《おお》いなる守護《しゅご》を願って祈りを捧《ささ》げ、その具現化《ぐげんか》へ努力を続けていきたい」と力強く表明《ひょうめい》した。

翌日の「祈りの日」には、てをどりが六下り目まで勤《つと》められたが、これを報《ほう》じた『天理時報』と、カナダのVANCOUVER教会の教会報《きょうかいほう》が、同じ日に私の手元《てもと》へ届けられた。

教会報に同封《どうふう》された会長夫人からの手紙によると、ご本部春季大祭当日の朝、教会の隣《となり》に住むイタリア人のマリオ氏から「祈りの日」のことを知らされたそうだ。イタリア本国《ほんごく》からの衛星《えいせい》放送テレビで、天理教の紹介《しょうかい》と、てをどりの様子《ようす》を見たマリオ氏は、教会まで足を運び、「天理教は大きいんだなー。おつとめのメロディーも、この教会のと一緒だったよ」と語《かた》ったという。

手紙には「この宗教はこんなに立派《りっぱ》なものかと感じさせてくださった教祖《おやさま》。世界を駆《か》けめぐってお働きくださる教祖を、私はひしひしと身《み》に染《し》んで感じさせていただきました。一月二十六日の意義《いぎ》をこんなに身近《みぢか》に教えてくださった教祖。感激《かんげき》の一日でございました」とあった。

明治十五年九月の我孫子《あびこ》事件に際《さい》し、教祖は「さあ海越え山越え〳〵、あっちもこっちも天理王命《てんりわうのみこと》、響《ひび》き渡《わた》るで響き渡るで」と仰《おお》せられている。

# 梅は「毒は薬」の見本

立教165年2月24日号

梅一輪《うめいちりん》一輪ほどの暖《あたた》かさ（嵐雪《らんせつ》）。江戸《えど》中期の俳人《はいじん》・服部《はっとり》嵐雪は、江戸の生まれで蕉門十哲《しょうもんじってつ》の一人。

いまだ寒さの冴《さ》える早春《そうしゅん》、万木《ばんぼく》に先がけて開花するウメの別名《べつめい》は春告草《はるつげぐさ》。春告鳥《はるつげどり》はウグイスだ。天理教の教紋《きょうもん》が「丸に梅鉢紋《うめばちもん》」であり、教祖《おやさま》がお住まいになる教祖殿《きょうそでん》の左近《さこん》に紅梅《こうばい》が植えられていることからも、ウメは天理教信者にとって親《した》しみ深《ぶか》い花である。

中国原産《げんさん》のウメは、奈良時代に遣唐使《けんとうし》が、樹木《じゅもく》より先に、未熟《みじゅく》な果実《かじつ》を燻《くん》製《せい》にした真っ黒な生薬《しょうやく》・烏梅《うばい》として日本へ持ち込んだとされるが、万葉集《まんようしゅう》では百数十首に梅が詠《よ》み込まれている。烏梅は、止血《しけつ》・鎮痛《ちんつう》・回虫駆除《かいちゅうくじょ》・解《げ》熱《ねつ》・鎮咳《ちんがい》・去痰《きょたん》に有効《ゆうこう》とされたが、江戸時代には、紅染《べにぞ》めの染料《せんりょう》を繊維《せんい》に定《てい》着《ちゃく》させる媒染剤《ばいせんざい》として、染物屋《そめものや》で重宝《ちょうほう》されたそうだ。

ウメの未熟果《か》は生食《せいしょく》すると有毒《ゆうどく》だが、梅の実を塩漬《しおづ》けにし、取り出して日光にさらした梅干《うめぼ》しは、水あたり・食あたり・健胃《けんい》などの道中安全薬《どうちゅうあんぜんやく》として今の海外旅行者にも愛用《あいよう》されている。「毒は薬」の見本のようだが、手元《てもと》の薬草《やくそう》の本によると、カキ・スイカ・ヤマノイモ・ニラ・リンゴ・ニンジン・キンカン・ナス・シイタケなど、ふだん口にするものの多くにも薬効《やっこう》があるとされている。つまり人間は日ごろから薬を食べているわけだ。

人体は六十兆個もの細胞《さいぼう》からなる巨大システムだが、病気は一部の細胞群《さいぼうぐん》や全体としてのシステム異常《いじょう》である。それを正常《せいじょう》に戻す手助《てだす》けとなるのが薬だろう。親神様は人類を創造《そうぞう》され、その身を健康に保《たも》つ薬物《やくぶつ》までも用意してくだされたのである。

「にんけんにやまいとゆうてないけれど　このよはじまりしりたものなし」
「この事をしらしたいからたん／＼と　しゆりやこゑにいしやくすりを」
（おふでさき　九号10・11）

# 雪原上空の三回転五回ひねり

立教165年3月3日号

二月八日から十七日間、米国ユタ州の州都《しゅうと》ソルトレークシティーで第十九回冬季《とうき》オリンピックが開催《かいさい》された。

スキー、スケート、アイスホッケー、ボブスレー、リュージュ、バイアスロン、カーリングなど、あまりにも多い競技種目《しゅもく》の、それぞれのルールは知らなくとも、世界のトップレベルの選手たちが次々と演《えん》じる美技《びぎ》に、あらためて驚嘆《きょうたん》させられた。

テレビで第十二日のフリースタイル・スキー男子エアリアルの録画《ろくが》を観《み》た。エアリアルは特製《とくせい》のジャンプ台を使い、空中でひねりや宙返《ちゅうがえ》りなどの演技《えんぎ》を行うものだ。この日、チェコのバレンタ選手は、世界中で彼にしかできない後方《こうほう》三回転《かいてん》五回ひねりを成功させ、金メダルに輝《かがや》いた。雪原《せつげん》の上空をヒラヒラと舞《ま》い、うまく着地《ちゃくち》する技量《ぎりょう》は、とても人間業《にんげんわざ》と思えなかった。

ネコなら、仰向《あおむ》けのまま落とされても、尾でバランスをとりながら空中ですばやく向きを変え、四肢《しし》でしっかりと着地する。尾の退化《たいか》した人間にも、耳の奥に、体のバランスを保《たも》つ三半規管《さんはんきかん》があり、前後・上下・左右に三本の半円《はんえん》の管《くだ》が広がっている。体が回転すると、管の中のリンパ液《えき》の流れにより、回転運動を感じることができる。また、三半規管の根元《ねもと》にある球形《きゅうけい》のうは体の左右の傾《かたむ》きを、卵形《らんけい》のうは体の上下の傾きを感じて、内耳神経《ないじしんけい》から脳へ情報が送られるそうだ。

この三半規管に病変《びょうへん》が生《しょう》じると、吐《は》き気《け》・聴力障害《ちょうりょくしょうがい》・耳鳴《みみな》りがし、平衡《へいこう》感覚《かんかく》が乱れる。ひどくなると、歩くどころか枕《まくら》から頭を上げられなくなるのがメニエール病。自分の運動神経の鈍《にぶ》さをかこち、雪や氷の上を舞い踊《おど》る若者をうらやむ前に、不自由なく日常生活のできる幸せを感謝すべきだろう。

「めへ〱のみのうちよりのかりものを　しらずにいてハなにもわからん」
（おふでさき　三号137）

# 地下生命圏の未知の生物たち

立教165年3月10日号

「仲春《ちゅうしゅん》の月、蟄虫《ちっちゅう》咸《みな》動き、戸を啓《ひら》きて始めて出ず」（『礼記』月令篇）

今年の三月六日は啓蟄《けいちつ》。「蟄」は、虫が土中《どちゅう》にかくれることで、「啓」は、ひらくという意味があるという。

ただし、実際に冬ごもりしていたアリ、ヘビ、カエル、トカゲなどがモゾモゾと穴から出てくる時期は、早朝の最低気温が五℃以上になったころだ。春の陽気を待ちかねて地上に出てくる虫も、生涯《しょうがい》を土中で過ごす虫も、水と酸素《さんそ》と栄養《えいよう》となる有機物《ゆうきぶつ》がないと生きてゆけない。ところが、私たちの地球には、極端《きょくたん》に塩分濃度《えんぶんのうど》が高い岩塩《がんえん》や、放射能《ほうしゃのう》が充満《じゅうまん》する原子炉《げんしろ》の冷却《れいきゃく》水《すい》、八〇℃を超える温泉など、想像《そうぞう》を絶《ぜっ》する環境《かんきょう》を生き抜く生物がいる。

原子力発電《げんしりょくはつでん》から撤退《てったい》するスウェーデンでは、十年ほど前からバルト海に面したオシカシュハム原発《げんぱつ》に隣接《りんせつ》した施設《しせつ》で、核燃料廃棄物《かくねんりょうはいきぶつ》の処理実験《しょりじっけん》が行われていた。そして、核廃棄物を埋《う》め込《こ》む地下五百メートルのトンネルの底で、予想だにされなかった、性質も生態《せいたい》も分からない微生物《びせいぶつ》が次々に発見されたのだ。

周囲《しゅうい》は高熱《こうねつ》のマグマが固まった火成岩《かせいがん》である。酸素も水も栄養分もほとんどない暗黒《あんこく》の世界で、微生物たちは岩石中《がんせきちゅう》の炭酸《たんさん》ガスと水素《すいそ》から、メタンや酢酸《さくさん》などの有機物を合成《ごうせい》していたのである。

さらには、その有機物を食べて生きる微生物も発見された。

こうした地下生命圏《せいめいけん》の研究は始まったばかりだが、すでに世界各地で九千種を超える微生物が新たに見つかっているという。生物の遺伝情報《いでんじょうほう》を記《しる》す四つの塩基文字《えんきもじ》がすべての生命体《せいめいたい》に共通《きょうつう》していることから、生命の起源《きげん》は一つと考えられているが、その多様性《たようせい》と適応性《てきおうせい》は計《はか》り知れないのである。

「このよふわ神のせかいとゆいながら　どんな事でもしんわしらんで」

（おふでさき　十二号158）

# ツクシはスギナの子ではない？

立教165年3月17日号

春一番《はるいちばん》が吹き荒れると、のどかに春めいた日と春寒《はるさむ》の日が交互《こうご》に訪《おとず》れる。おぢば周辺《しゅうへん》の田圃道《たんぼみち》や小川の土手《どて》には、もうツクシが丸い頭を出しているのだろうか。

天理小学校へ通《かよ》っていたころ、春先《はるさき》になるとクラスの誰かからツクシ情報が入った。多いときはナップザックが膨《ふく》れるほども採《と》ったツクシを、家の台所で新聞紙の上に広げ、ハカマを根気《こんき》よく取りはずす。母親が煮物《にもの》にして卵《たまご》でとじたツクシは、ほんのりと苦《にが》い春の香りがしたものだ。

わらべ歌では「土筆《つくし》だれの子杉菜《すぎな》の子」というが、どちらも同一《どういつ》の根茎《こんけい》から生《は》える。先に生え出すツクシが繁殖用《はんしょくよう》の胞子《ほうし》を飛ばし、スギナは光合成《こうごうせい》で栄養《えいよう》を作る仕事を分担《ぶんたん》している。ただし、同時期に採取《さいしゅ》されるワラビとゼンマイは、同じシダ植物であっても、食用にするのは若い栄養葉《えいようよう》の方だ。

中でもゼンマイは「山菜《さんさい》の王」と呼ばれ、日本料理によく合い、最近若者に人気の韓国料理「石焼《いしやき》ビビンバ」にも欠かせない。

ところが、これは非常に手間《てま》のかかる食材《しょくざい》で、手元《てもと》の「山菜マニュアル」によると……、①まず綿帽子《わたぼうし》を取りのぞき　②木灰《きばい》や重曹《じゅうそう》を入れた熱湯でアクを取り、茹《ゆ》で上げる　③それを天日《てんぴ》に当て、手でもみながら乾燥《かんそう》させることと三日間（夜は取り入れる）。もどすのには、手でもみほぐしながら、水を換《か》えて三度茹で上げ、フタをして一昼夜おくと柔《やわ》らかくなる……。

手順通《てじゅんどお》りに手間ヒマかけて、ゼンマイは食せるようになる。

信仰者には教祖《おやさま》ひながたに沿《そ》った、たゆまぬ努力が大切である。

「ひながたの道を通らねばひながた要《い》らん。ひながたなおせば（注＝納《なお》せばで、収納《しゅうのう》のこと）どうもなろうまい。これをよう聞き分けて、何処《どこ》から見ても成程《なるほど》やというようにしたならば、それでよいのや」（おさしづ　明治二二・一一・七）

# 「木の芽時」は晴天の心で

立教165年3月24日号

木《こ》の芽《め》して今おもしろき雑木《ぞうき》かな（虚子《きょし》）

そろそろ樹々《きぎ》が新芽《しんめ》を吹き始める「木《こ》の芽時《めどき》」だ。みずみずしく膨《ふく》らんだ木の芽は美しく、生命感《せいめいかん》にあふれている。芽《め》吹《ぶ》きは、ケヤキやカエデは比較的早く、ザクロやサルスベリは遅《おそ》いとか。なお、山椒《さんしょう》の若芽《わかめ》を和《あ》えた料理は「きのめあえ」だ。

次は、今年八十四歳になる父から聞いた話。

軍隊で補充将校《ほじゅうしょうこう》として戦地へ出る時、聯隊副官《れんたいふくかん》に呼ばれた。「貴様《きさま》は天理教らしいが、天皇陛下《てんのうへいか》と天理教の神様とは、どちらがエライのか」と質問をするので、「副官殿、窓の外をご覧《らん》ください。芝が青々と芽を吹いています。これは親神様のお働きです。天皇陛下は日本を統《す》べ治《おさ》められる尊《とうと》いお方です。意味が違います」と答えた。言葉に窮《きゅう》した副官は「天理教はそんなことを言

う。殴《なぐ》れ」と、居合《いあ》わせた将校に殴らせた後で、「お前は勇気のあるヤツだ」と言い、ようやく放免《ほうめん》してくれた。

季節の変わり目である木の芽時には、精神的に落ち込む人が多いようだ。先日、九州の三十三歳になるという女性から、「偶然《ぐうぜん》、天理教の時報《じほう》を目にして心動《こころうご》かされました。なにか最近、孤独感《こどくかん》でだめになりそうで、なにかこんな私に助言《じょげん》を……」というメールが届いた。自殺未遂《じさつみすい》もされたそうだ。

アドバイスのメールを二度送付《そうふ》したら、「今の私は、心の骨が折れた状態だと思います。折れた足で歩きたい走りたいと焦《あせ》っているのでしょうね。しかし骨がつながるまで焦らず、遠回《とおまわ》りしても、私を取り戻《もど》せる日まで前を見て頑張《がんば》ります」と、お礼のメールが届いた。

一日も早く「晴天《せいてん》の心《こころ》」となられることを祈る。

「ほそみちをだん〳〵こせばをふみちや　これがたしかなほんみちである」

(おふでさき一号49)

## 文章が活字になることへの憧れ　立教165年3月31日号

「和楽」の執筆《しっぴつ》を担当《たんとう》させていただいてから丸二年、今号で百回目を数えることとなった。

この間、大病《たいびょう》を患《わずら》うこともなく書き続けることのできたのは、何よりも親神様・教祖《おやさま》のご守護と、浅学非才《せんがくひさい》の筆者を支《ささ》えてくださった読者各位《かくい》の励《はげ》ましのお陰《かげ》と、心から御礼を申し上げる。

「毎週々々、原稿《げんこう》を書くのは大変でしょう」と労《ねぎら》ってくださる方が多い。確かに日記などは小学校の夏休みの宿題以外は書いたことがなく、届いた手紙への返事も直《す》ぐには書かない筆不精《ふでぶしょう》だが、書いたものが活字《かつじ》となる場合は事情が異《こと》なる。自称《じしょう》・文学少年だったころからの憧《あこが》れがあるのだ。

今日のように、自宅のコンピューターとプリンターを使用して、原稿作成から編集・印刷ができるなど、夢物語だった。大学へ通《かよ》うころになっても、学生会の案内状や会報は、もっぱらガリ版刷《ばんず》りだった。ヤスリ板《ばん》の上に、ロウ引《び》きの原紙《げんし》を置き、鉄筆《てっぴつ》でガリガリと文章を書く。書き上げた原紙を謄写《とうしゃ》版《ばん》にセットして、インクを含《ふく》ませたローラーを転《ころ》がし、一枚ずつ印刷したものだ。

学生時代、自分の書いた文章が書物《しょもつ》に活字で掲載《けいさい》されることは、ついに夢に終わった。以後、青年会本部の出版部で六年間、道友社編集課（当時）で三年三月、つとめさせていただいたお陰で、書くことだけは苦でなくなった。

「元《もと》の理《り》」のお話では、「九億九万年は水中《すいちゅう》の住居《すまい》、六千年は智慧《ちえ》の仕込《しこ》み、三千九百九十九年は文字の仕込み」とある。親神様は人間が陽気ぐらしができるよう、文字を仕込んでくださったに違いない。

「学問《がくもん》に無い、古い九億九万六千年間のこと、世界へ教えたい」（『稿本天理教教祖伝』第六章）と仰《おお》せられた教祖の思召《おぼしめし》を体《たい》して、微力《びりょく》ながら、いささかなりともお役に立たせていただきたいと思う。

■著者紹介

田邊 教郎(たなべ・のりお)

昭和21年(1946年) 4 月、大阪市生まれ。現在、天理教此花大教会長、本部詰員、大阪教区主事。

天理大学英米学科卒業。天理教青年会本部委員・同出版部長・同委員長、本部青年、天理教道友社編集課勤務、少年会本部委員、学生担当委員会副委員長などを歴任。

著書に、『おやさまかるた』『天理教教祖伝年譜』『中山眞之亮伝年譜』『かしもの・かりもの入門』『教祖ひながた入門』『元の理入門』など。平成12年 4 月から『天理時報』にコラム「和楽」を、平成13年 4 月号から『リトルマガジン天理少年』に「ふしぎ体探検隊」を連載中。

お道《みち》の歳時記《さいじき》　「和楽《わらく》」百話《ひゃくわ》

立教165年(2002年) 9月26日　初版第1刷発行

著　者　田邊　教郎

発行所　天理教道友社

〒632-8686　奈良県天理市三島町271

電話　0743(62)5388

振替　00900-7-10367

TENRIKYO DOYUSHA

印刷所　株式会社天理時報社

〒632-0083　奈良県天理市稲葉町80



ISBN 4-8073-0477-1